U0541618

中国现象学文库
现象学原典译丛·扎哈维系列

胡塞尔现象学

〔丹麦〕丹·扎哈维 著

李忠伟 译

Dan Zahavi
HUSSERL'S PHENOMENOLOGY
Copyright © 2003 Dan Zahavi
© The Commercial Press, Ltd. 2022
The Copyright of the Chinese edition is granted by the Proprietor

根据斯坦福大学出版社 2003 年版译出

《中国现象学文库》编委会

（以姓氏笔画为序）

编　　委

丁　耘　王庆节　方向红　邓晓芒　朱　刚
刘国英　关子尹　孙周兴　杜小真　杨大春
李章印　吴增定　张　伟　张　旭　张再林
张廷国　张庆熊　张志扬　张志伟　张灿辉
张祥龙　陈小文　陈春文　陈嘉映　庞学铨
柯小刚　倪梁康　梁家荣　靳希平　熊　林

常 务 编 委

孙周兴　陈小文　倪梁康

《中国现象学文库》总序

自20世纪80年代以来，现象学在汉语学术界引发了广泛的兴趣，渐成一门显学。1994年10月在南京成立中国现象学专业委员会，此后基本上保持着每年一会一刊的运作节奏。稍后香港的现象学学者们在香港独立成立学会，与设在大陆的中国现象学专业委员会常有友好合作，共同推进汉语现象学哲学事业的发展。

中国现象学学者这些年来对域外现象学著作的翻译、对现象学哲学的介绍和研究著述，无论在数量还是在质量上均值得称道，在我国当代西学研究中占据着重要地位。然而，我们也不能不看到，中国的现象学事业才刚刚起步，即便与东亚邻国日本和韩国相比，我们的译介和研究也还差了一大截。又由于缺乏统筹规划，此间出版的翻译和著述成果散见于多家出版社，选题杂乱，不成系统，致使我国现象学翻译和研究事业未显示整体推进的全部效应和影响。

有鉴于此，中国现象学专业委员会与香港中文大学现象学与当代哲学资料中心合作，编辑出版《中国现象学文库》丛书。《文库》分为"现象学原典译丛"与"现象学研究丛书"两个系列，前者收译作，包括现象学经典与国外现象学研究著作的汉译；后者收中国学者的现象学著述。《文库》初期以整理旧译和旧作为主，逐步过渡到出版首版作品，希望汉语学术界现象学方面的主要成果能以《文库》统一格式集中推出。

我们期待着学界同仁和广大读者的关心和支持，藉《文库》这个园地，共同促进中国的现象学哲学事业的发展。

《中国现象学文库》编委会

2007 年 1 月 26 日

"扎哈维系列"总序

多年来，我欣喜地看到自己的多部著作被译为各国文字。但我从未有如此荣幸见到我的文集被翻译出版。我很高兴商务印书馆愿承担这一工作，也深深地感谢倪梁康教授牵头发起这一浩大工程，感谢所有译者的辛勤付出。

这些著作囊括了多达 25 年的工作，从我于 1992 年开始撰写的博士论文《胡塞尔与超越论交互主体性》(*Husserl und die transzendentale Intersubjektivität*) 直至 2019 年的简短导论《现象学入门》(*Phenomenology: The Basics*)。作为一个整体，这些著作涵盖我一直以来所致力于探究的各类主题和论题。

在博士论文中我指出，胡塞尔如此关注于交互主体性的原因之一是他对于下述先验问题的兴趣：某样事物是真的，这意味着什么，我们如何才能如此这般地体验到它。对于胡塞尔而言，对这些问题的回答需要我们转向先验交互主体性。我也探讨了萨特、梅洛-庞蒂和海德格尔对交互主体性的现象学理论所做出的贡献，并且突出展示了它们所具有的共同特点和优点——相比于在哈贝马斯和阿佩尔的工作中展开的语言进路而言。对交互主体性的聚焦一直都是我的核心关切。我始终思考着社会性和社会认知的问题。我在这部论著中支持对于同感的现象学解读，赞同交互主体间理解的身体性和语境性特征，并且批评在所谓的"心灵理论"论争中占主导的立场，即模拟理论和理论-理论。

我的教授资格论文《自身觉知与他异性》(*Self-awareness and Alterity*)聚焦于反思与前反思自身觉知的关系。常有学者批评胡塞尔把自身觉知看作一种反思性的主客关系。同时，胡塞尔也时而被解读为素朴在场形而上学的拥护者，即把主体性看作纯粹自足的自身呈现，毫无任何不在场、外在性和他异性。《自身觉知与他异性》一书试图表明，胡塞尔与萨特一样接受前反思自身意识的存在。通过对胡塞尔内时间意识的新颖解读，我指出，胡塞尔认为自身觉知刻画了体验维度本身——无论我们意识到或忙碌于怎样的世内存在物。此外，正如标题所示，这本书也试图表明，胡塞尔并不是在场形而上学家，而是他异性思想家，许多为后来的现象学家所发展的思想早已出现在胡塞尔的思考中。通过梅洛-庞蒂、萨特、亨利和德里达的著作，我进一步展示出自身觉知这一概念如何在现象学哲学中起到关键和奠基性的作用。现象学不仅关心意向性，关心意识如何关涉对象的显现，它也不得不面对意识的自身显现问题。自《自身觉知与他异性》这一著作起，我始终努力探究体验、自身和自身觉知三者间的关系。我指出了所有这些概念都相互依赖，并且体验的第一人称或主体特性使得我们可以把一种最小限度的自身性样式归于体验生命本身。

时至今日，我已在自身和他者问题上探索了几十载。2005 年出版的《主体性与自身性》(*Subjectivity and Selfhood*)一书展示了我对于自身性问题的核心看法，2014 年出版的《自我与他人》(*Self and Other*)则汇集与综合了我对主体性以及交互主体性的双重兴趣。我的研究背景在于经典现象学，但我一直都相信，现象学亟须参与到与其他哲学立场和经验学科之间的对话中去。恰是通过受到普遍关注的富有争议的论题，通过对峙、批判以及向其他进路取经，现象学才能够展示出它的生命力以及与当代的关联性。这一态度贯穿了这两部著作。它们一方面仍然坚定扎根于现象学，同时也广泛参与到与分析哲学和认知科学的讨论中。

使得现象学、心灵哲学与认知科学得以互通的志趣，以及希求对话能使各方受益并带来相互的启迪，这是我与肖·加拉格尔（Shaun Gallagher）一起撰写《现象学的心灵》（The Phenomenological Mind）一书的缘由。这本书现在已经出了第三版，它从90年代日益广泛传播的现象学自然化呼召中得到了部分的启发。这一自然化究竟可能意味着什么，这本身是一个富有争议的话题，但在《现象学的心灵》一书中，我们仅仅把它理解为下述提议，即让现象学参与到与经验科学的交互中。现象学已经提供了对感知、想象、身体觉知、社会认知、自身体验、时间性等问题的具体分析，并且它并不只给出对那些既定解释对象的精细描述。同时，它也提供了能够挑战现有模型的理论，后者甚而能够导向对相当不同的论题的探索。现象学研究那些同样能以经验方式被考察的现象，因此它应当对下述可能保持开放，即经验发现可以推进或挑战现象学的分析。经验研究者们可能不会过多关心深层的哲学问题，但他们常常比一般的扶手椅哲学家更关注现象的丰富性和复杂性。

在对自身和他者进行系统性研究并努力推动现象学、分析的心灵哲学以及诸如精神病学、发展心理学、认知科学和人类学等经验学科的对话的同时，我也一直持续撰写着哲学史相关的议题，尤其是胡塞尔的著作。我批评了那些在我看来过于简化胡塞尔思想的解读，它们把胡塞尔描绘为一位唯我论者和主观唯心论者。我则强调了胡塞尔现象学与其后现象学家的工作之间的连续性，尤其是与梅洛-庞蒂。除了广泛地分析胡塞尔关于交互主体性和自身意识及时间意识的研究，我尤其关心胡塞尔先验哲学的本质以及它的形而上学内涵。我的两部核心著作是2003年出版的《胡塞尔现象学》(*Husserl's Phenomenology*)以及2017年的《胡塞尔的遗产》(*Husserl's Legacy*)。前者是有关胡塞尔哲学的一般导论，后者则进行了更为技术性的处理——它与《胡塞尔现象学》一书中的观点一致，但通过对近二十年间胡塞尔研究的引述和探讨，该书进一步深化和拓展了我的解读。

我最初追随黑尔德（Klaus Held）和贝奈特（Rudolf Bernet）进行现象学训练。虽然我在现象学领域的大部分工作都是有关胡塞尔的，但我认为，现象学是一个有着共同论题和关切的传统，它统一起并且持续统一着它的支持者们。诚然，在现象学中有着诸多异质性。许多重要的人物在这一运动中持续修正和发展着他们的观点。此外，正如利科曾言，现象学的历史是异端的历史；每一代胡塞尔之后的现象学家都从奠基性的人物那里汲取了灵感，但也一直在变更着方法论、论域以及现象学事业的目标。尽管现象学以多种方式发展为一场具有多个分支的运动，尽管所有胡塞尔之后的现象学家都与胡塞尔原初计划的诸多方面保持着距离，我在这些年里的进路则是试图聚焦于相似性和共同点。如果现象学期许一个未来，那么，在我看来，紧要的是表达和发展现象学工作的共同之处，而不是陷入到不幸侵蚀其历史的那种宗派主义阵地战。太多的精力被耗费在对内在差异而非共同特征的强调上。许多有关现象学的介绍性著作都包含了对现象学主要思想家们的分章讨论,而我的简短导论《现象学入门》则与此不同。这本书并没有表达和突出譬如胡塞尔、海德格尔、梅洛-庞蒂之间的差异,这些差异在我看来往往由于对胡塞尔基本想法的误解而被过分夸大,我的重点在于他们的相通之处。

距离我最初到访中国已有二十多年之久了。此后我曾多次回到这里,每每总会被中国学者们对现象学的浓厚兴趣及深刻认知所触动。我希望我的中文版文集能够进一步支持、激发和鼓舞中国学界对现象学生意盎然的探讨。

丹·扎哈维
2021 年 4 月
(蔡文菁 译)

目　　录

导论 ··· 1

第一章　早期胡塞尔：逻辑、认识论和意向性 ············ 7
第一节　胡塞尔对心理主义的批判 ···················· 7
第二节　意向性概念 ······································· 14
第三节　行为、意义、对象 ······························ 27
第四节　意指性的和直观的被给予性 ················ 34
第五节　明证性 ·· 40
第六节　范畴性对象和本质直观 ······················· 45
第七节　现象学和形而上学 ······························ 50

第二章　胡塞尔的先验哲学转向：悬搁、还原和先验唯心论 ··· 55
第一节　无前提性 ·· 56
第二节　笛卡尔式的方法和本体论的方法 ········· 60
第三节　一些误解 ·· 68
第四节　胡塞尔的先验唯心论 ·························· 90
第五节　构成的概念 ······································· 95

第三章　晚期胡塞尔：时间、身体、主体间性和生活世界 ···· 104
第一节　时间 ·· 105
　　一、原初印象-滞留-前摄 ···························· 106

二、绝对意识 …………………………………………… 113
　　三、视域和在场 ………………………………………… 124
第二节　身体 ………………………………………………… 131
　　一、身体和角度性 ……………………………………… 131
　　二、作为主体的身体和作为对象的身体 ……………… 135
第三节　主体间性 …………………………………………… 147
　　一、唯我主义 …………………………………………… 147
　　二、先验主体间性 ……………………………………… 149
　　三、对他者的经验 ……………………………………… 152
　　四、构成性的主体间性 ………………………………… 155
　　五、主体性——交互/主体性 …………………………… 163
第四节　生活世界 …………………………………………… 170
　　一、生活世界和科学的危机 …………………………… 170
　　二、常态性和传统 ……………………………………… 180

结论 ………………………………………………………… 191

参考文献 …………………………………………………… 196
索引 ………………………………………………………… 211

中译本修订后记 …………………………………………… 221

导　　论

　　埃德蒙德·胡塞尔，1859年4月8日生于摩拉维亚（当时是奥地利帝国的一部分）普罗斯尼茨一个犹太人家庭。在1876年到1882年间，他先后在莱比锡、柏林和维也纳学习物理、数学、天文学和哲学。他于1882年在维也纳为其（数学）博士论文答辩，在随后的几年里，他在维也纳参加了著名的心理学家和哲学家布伦塔诺的讲座。1886年，胡塞尔改信新教。1887年，他在哈雷大学为其关于数的概念的教授资格论文答辩，在此后的14年里，他被聘为那里的无俸讲师。在此期间，他对认识论和科学理论的一系列基础问题特别感兴趣。胡塞尔对这些主题的思考促成了他的第一部主要著作《逻辑研究》，这本书于1900—1901年出版。因为这部著作，胡塞尔被哥廷根大学聘请，自1901年到1916年他在那里执教。一开始他是编外教授，从1906年起胡塞尔成为正式教授。胡塞尔的第二部著作于1913年出版，题为《纯粹现象学和现象学哲学的观念Ⅰ》（第Ⅱ卷和第Ⅲ卷在他死后出版），标志了其先验哲学的转向。1916年胡塞尔转到布赖斯高的弗赖堡大学，接替新康德主义者海因里希-李凯尔特，成为了哲学系主任。在这些年里，埃迪特·斯坦因（Edith Stein）和马丁·海德格尔都是他的助手。胡塞尔的著名讲演被他们汇编为《内时间意识现象学》，并于1928年出版。同年，胡塞尔退休,由海德格尔接替他的职位。在随后几年里,胡塞尔的另外两部著作出版:《形式逻辑和先验逻辑》(1929)和《笛卡尔式的沉思》(1931)。[①] 在其生命的最后五年,胡塞尔沦为纳粹反犹太立法的受害者,那部立法是纳粹在 1933 年上台之后通过的。同年(1933)胡塞尔从大学教授的名单里被除名,并且——一部分是因为海德格尔与纳粹的共谋——被禁止进入大学图书馆。尽管在 20 世纪 30 年代胡塞尔被迫与德国的大学环境隔离,在 1935 年,他还是被邀请到维也纳和布拉格宣读论文,而且正是这些演讲组成了他最后的重要著作——《欧洲科学的危机和先验现象学》——的核心,这本书的第一部分于 1936 年在一份南斯拉夫的季刊上出版。[②]

胡塞尔自己出版的著作,大多是对现象学的纲领性的导论,它们只是胡塞尔大量产出的一小部分。胡塞尔有每天写下其反思的

---

① 这是列维纳斯(Levinas)、佩费(Peiffer)和柯瓦雷(Koyré)对《笛卡尔式的沉思》的法文翻译。这部著作写于 1929 年,但直到 1950 年才以德语出版。

② 胡塞尔经常被刻画为一个独来独往的思想家。在这个刻画里或许有些道理,但是也有指向不同方向的迹象。首先,无疑,胡塞尔和他的最后两个助手,路德维希·朗德格雷贝(Ludwig Landgrebe)和欧根·芬克(Eugen Fink)的讨论对其哲学的最终阶段的发展有着决定性的重要性(参见芬克[Fink] 1933,凯恩斯[Cairns] 1976,布鲁兹纳[Bruzina] 1989,扎哈维[Zahavi] 1994c)。其次,胡塞尔大规模的信件(十卷)的出版证实在其一生中,胡塞尔与一大批顶尖的知识分子保持着联系。在已出版的通信中我们可以发现给下人的信:柏格森(Bergson)、宾斯万格(Binswanger)、比勒(Bühler)、康托(Cantor)、卡西尔(Cassirer)、狄尔泰(Dilthey)、弗雷格(Frege)、古尔维奇(Gurwitsch)、哈茨霍恩(Hartshorne)、希尔伯特(Hilbert)、霍夫曼斯塔尔(Hofmannsthal)、霍克海默(Horkheimer)、雅斯贝尔斯(Jaspers)、柯瓦雷(Koyré)、拉斯克(Lask)、列维-布留尔(Lévy-Bruhl)、利普斯(Lipps)、洛维特(Löwith)、马赫(Mach)、马尔库塞(Marcuse)、马萨里克(Masaryk)、纳托普(Natorp)、奥托(Otto)、帕托奇卡(Patocka)、罗素(Russell)、舍斯托夫(Schestow)、舒茨(Schütz)、希格瓦特(Sigwart)、西美尔(Simmel)、斯通普夫(Stumpf)、特瓦尔多夫斯基(Twardowski)、维特海默(Wertheimer)。

习惯，到他 1938 年 4 月 27 日去世的时候，这些所谓的研究手稿（包括演讲稿和仍未出版的书）达到了大约 45000 页。显而易见，这些手稿在德国是不安全的（1939 年德国人几乎毁掉了整部在布拉格出版的胡塞尔遗作《经验与判断》的第一版）。胡塞尔死后不久，一位年轻的圣·方济各会修道士，范·布雷达（Hermann Leo Van Breda），成功地将胡塞尔的手稿从德国偷运到了比利时的一个修道院。这样，在第二次世界大战全面进攻开始之前，胡塞尔档案馆就在鲁汶大学哲学所建立了起来，这些原始手稿至今仍保存在那里。在档案馆建立之初，胡塞尔著作的批判性修订工作——《胡塞尔全集》——就已经开始了。这个批判性的版本，迄今为止包括 34 卷，不仅包括胡塞尔在世时候出版的著作的新版，更为重要的是，还包括他以前未出版的著作、文章、演讲、论文和研究手稿。[①]

＊　＊　＊

胡塞尔的产出是巨大的，以至于没有任何人读完过他的全部著作。这一事实不仅使胡塞尔研究成为一个相对开放的事情——人们不知道是否会突然出现一个手稿而动摇其解释——同时也使得对他的哲学作出一个完全系统的阐述变得更复杂。因此，没有任何一部著作——更不用说这样篇幅的导论——能够完全处理胡塞尔哲学的所有方面。换句话说，我被迫作出某些选择。让我对我所选择的视角再说几句。

这本书的标题是《胡塞尔现象学》，我所希望描述的正是胡塞

---

① 参见范·布雷达给《胡塞尔全集 I》所作的序言，和布雷达（Van Breda）1959。

尔现象学的发展，而不是其哲学中某些更为传统的方面，例如，他的形式本体论或者他的本质主义。

我的陈述分为三个主要部分，并在很大程度上结合了系统的和编年的视角。这个陈述大概遵循了胡塞尔思想的发展秩序，从早期对逻辑和意向性的分析开始，经过其成熟时期对还原和构成的先验哲学分析，到晚期对主体间性和生活世界的分析。

第一部分集中关注胡塞尔早期的意向性理论。一方面，这是一个自然的选择，因为胡塞尔对意识的对象-指向性的描述属于他最重要且最具影响力的分析；另一方面，对意向性的分析十分适合作为打开胡塞尔思想的一把钥匙。他后来分析的很大一部分，无论是其对不同的具体现象的细致分析，还是他更加根本的先验哲学反思，都可以看作是对已经包括在其早期有关意识的意向性研究里的洞见进行彻底化和发展的尝试。

在第二部分里，我说明了胡塞尔先验哲学里的主要元素：为什么胡塞尔宣称现象学是某种唯心主义？怎样理解他不断重复的关于主体性是世界-构成性的观点？正是在这个语境下，我将陈述胡塞尔的悬搁、还原和构成的概念。

在对胡塞尔现象学中更加形式化和根本的核心概念的动机，以及通向这些概念的道路和它们本身的发展作出描述之后，我将在最后，也是最长的那个部分，转向一些胡塞尔更加具体的现象学分析。这些（大体上属于）胡塞尔后期对身体、时间和主体间性的分析，不应该仅仅被理解为胡塞尔应用其已有的现象学原则而作出的分析。从我的陈述中可以清楚地看到，胡塞尔对这些具体问题的分析导致了现象学基本原理的不断修正。

* * *

我的陈述将以胡塞尔自己出版的著作(这些文本后来又在《胡塞尔全集》里出版)以及一些仍未出版的手稿为依据。尽管这本书旨在介绍胡塞尔的现象学,但是,它不仅仅是对胡塞尔哲学的标准解读的阐述。我也借鉴了我自己的研究。

在必要的地方使用胡塞尔的研究手稿,需要针对普通的方法论反驳作出辩护。一些(批判性的)胡塞尔学者,例如保罗·利科,认为对胡塞尔哲学的解释必须几乎排它性地建立在胡塞尔自己出版的著作之上。① 他们认为,使用那些胡塞尔本人没有出版的著作手稿或者研究手稿是有问题的,或许他仅仅是为自己看而写的。那些为了通过写作过程获得洞见的文本(Hua 13/xviii–xix),或许是因为他对它们不满意而不予出版。② 但是如果我们看一下胡塞尔的工作方法和其出版计划(耿宁在其关于主体间性的三卷本的导论里所提供的)(参见 Hua14 /xx),研究手稿和已出版的著作之间的关系显然更加复杂。

---

① 参见利科(Ricoeur) 1985, 44。
② 对《胡塞尔全集》的引用是以卷数为标准的,斜线后是页码。如果有英文版翻译,就使用了一些不同的通用规则。在英文版包括《胡塞尔全集》的边缘页码时,就只提供德文版的页码。但是如果在英文版里的边缘页码指的是不同的版本,或者没有提供边缘页码的地方,相应的英文版页码就被放在紧接着《胡塞尔全集》的引用后面的方括号里——例如, 18/87 [109–110], 6/154-5 [152]。(在我引用胡塞尔之外的作者的时候,如海德格尔、芬克、梅洛-庞蒂等等,应用同一原则。)我在很大程度上使用了对胡塞尔著作的标准的英语翻译。当没有英语翻译的时候,我就自己提供了一个英语翻译(在很多同事的帮助下),在所有引用胡塞尔的未出版的手稿的情况下,可以在注释里找到原始的德语文本。当引用这些手稿时,最后一个数字指的是原始的速记页码。

首先，胡塞尔在许多后期的研究手稿上费心，是想尝试写出对其哲学确定的系统的陈述，这个陈述从来没有达到其最终形式。但这并非因为胡塞尔对这些手稿的内容不满意，而是因为他不断地迷失在细枝末节的分析里（Hua 15/xvi, lxi）。

其次，甚至更为重要的是，因为胡塞尔在完成一个系统和全面的陈述中经常遇到问题，他有时候明确地修改其手稿（参见 Hua 14/xix, 15/lxii, lxvii–iii）。因此，他屡次谈到他的著作的最重要的部分会在其手稿里被发现。例如，在一封 1931 年 4 月 5 日给阿道夫·格里莫（Adolf Grimme）的信里，胡塞尔说道："实际上，我一生著作的大部分和我所确信的最重要的部分，仍然在我的手稿里，但因为其篇幅而很难处理"（Hua 15/lxvi; 参见 14/xix）。

最后同样重要的一点是，采取系统的视角还是可能的。如果胡塞尔的一些未发表的分析比我们在他发表的著作中发现的分析更完善，更有说服力，那么似乎就没有什么哲学上（而只有文字学上）的理由而仅仅局限于后者了。

第一章　早期胡塞尔：
逻辑、认识论和意向性

《逻辑研究》(1900-1901)并非胡塞尔出版的首部著作，但是他认为这部著作是他向现象学的"突破"(Hua 18/8)。它不仅是胡塞尔最重要的著作之一，而且是20世纪哲学的一个关键文本。举例来说，正是在《逻辑研究》中，胡塞尔首先处理了整个现象学领域的一系列基本概念，包括对意向性的详尽分析。人们经常强调，胡塞尔思想的核心主题正是意向性(参见 Hua 3/187)，并且它能很好地作为陈述胡塞尔哲学的线索。

在讨论胡塞尔早期意向性概念之前，有必要先简短地介绍一下最初使胡塞尔成名的原因，这就是胡塞尔对所谓心理主义的批判。正是在这个批判性背景下，他最初引入了意向性概念。

第一节　胡塞尔对心理主义的批判

《逻辑研究》由两个主要部分组成："纯粹逻辑导论"（主要包括对心理主义的批评）和六个"现象学和知识论研究"（以对意向性的分析告终）。在这部著作的前言里，胡塞尔简洁地描述了他为自己设定的目标,他认为,《逻辑研究》为纯粹逻辑和认识论提供了新的基础(Hua 18/6)。他对逻辑的地位及科学知识和理论的可能性条件有特别的兴趣。不过,胡塞尔在《逻辑研究》里所使用的知识论概念和现在所使用的稍有不同。胡塞尔认为,知识论所面临的核心问题是,确立知识何以可能,它的任务并不是考察意识是否(和如何)能够获得关于独立于心灵的实在的知识。这些类型的问题,以及所有关于是否有外在实在的问题,都被胡塞尔作为形而上学问题拒斥掉了,胡塞尔认为,在认识论里,不应该有它们的位置(Hua 19/26)。更一般来说,胡塞尔并不想致力于某种特定的形而上学,无论它是实在论还是唯心论(这对于理解他早期关于现象学的概念特别重要)。相反,他想处理的是更具康德特色的形式问题,特别是关于知识的可能性条件的问题(Hua 18/23, 208, 19/12, 26)。

胡塞尔在导论里对于这些问题的回答遵循两条思路。一方面,他从事于批判工作,试图表明,那个时代的流行观点实际上不能解决知识的可能性问题。另一方面,他采取更加积极的步骤来说明使知识成为可能的必备条件。

胡塞尔所批判的是心理主义观点。心理主义的主要论证思路如下:认识论关注的是感知、信念、判断和认识的认知本性。而所有这些现象是心智现象,因此,研究和探索它们的结构显然是心理学的任务。对我们的科学和逻辑的推理也是如此,最终,逻辑学必须被看作心理学的一部分,逻辑规律也要被看作心理-逻辑规则,我们必须经验性地研究它们的本性和有效性(Hua 18/64, 18/89)。由此,心理学为逻辑学提供理论基础。

胡塞尔认为,这种观点犯了一个错误,即忽视逻辑学和心理学

第一章　早期胡塞尔：逻辑、认识论和意向性

领域间存在的根本区别。逻辑学（也包括，例如，数学和形式本体论）并非经验科学，并且与事实上存在的对象根本不相关。相反，逻辑学研究观念性的结构和规律（ideal structures and laws），逻辑学研究的特征是确定性和精确性。相比之下，心理学是研究意识的事实性性质的经验科学，因此，和所有其他经验科学的结果一样，心理学研究结果具有含混性和纯粹的概然性特征（Hua 18/181）。因此将逻辑学还原为心理学是一个通常的范畴错误，完全忽视了逻辑规律的观念性、确然性（不可怀疑的确定性）和先天性（非经验的有效性）等特征（Hua 18/79—80）。① 这些特征绝不能建立于心智（psyche）的事实-经验的性质之上，也不能通过指涉心智的事实-经验性质被解释。

　　心理主义的根本错误在于，它没有正确地区分知识的对象和认识行为。认识行为是一个在时间内消逝，并有开始和终结的心智过程，但是，对于在该行为中被认识到的逻辑原则和数学真理而言，却并非如此（Hua 24/141）。当某人说到逻辑规律或者数学真理、理论、原则、句子和证明时，他指的并不是具有时间延续（duration）的主观经验，而是某种非时间的、客观的和永久有效的东西。尽管逻辑原则是被意识所掌握和认识的，但我们仍然意识到某种观念的东西，这些观念的东西既不能被还原为认识的实在的心智行为，也和这些行为完全不同。

　　观念的和实在的之间的区分对于胡塞尔来说是如此地根本和

---

① 需要补充的是，胡塞尔对心理主义的批评也针对他在《算术哲学》（1891）中的早期观点。有人偶尔宣称，那是由于弗雷格对其著作的严厉的评论使胡塞尔改变了看法。但是这种解释很可能犯了年代错误，并且，最近的研究指出，胡塞尔对洛采和波尔查诺（Bolzano）的研究才是决定性因素。参见莫汉梯（Mohanty）1977；贝奈特（Bernet），耿宁（Kern），马尔巴赫（Marbach）1989, 20。

紧要,以至于在对心理主义的批判中,他有时也采取某种(逻辑的)柏拉图主义:观念规则的有效性是独立于任何实际上存在的东西的。①

没有真理是事实,即没有真理是由时间决定的。真理确实可以有"某物存在,一种状态存在,一种变化正在进行"等意思。但是真理本身是超越时间之上的:也就是说,将时间性的存在归于真理,或者说真理产生和消亡,都是无意义的(Hua 18/87 [109-110])。无论这个世界和这些实在的东西存在与否,2+3=5 这个真理凭其自身仍然是纯粹的真理(Hua 9/23)。

在以"表达和意义"为题的第一研究里,胡塞尔继续为时间性的认识行为和非时间性的观念性性质之间的区分提供论证,但这次是在一个意义-理论性的(meaning-theoretical)语境里进行的。胡塞尔指出,当我们说到"意义"时,我们可以指我们所意谓的东西,例如"哥本哈根是丹麦的首都",但是我们也可以指意谓某物的行为或过程,这两种用法必须被断然地区分开来。尽管具体的意谓过程在不同情况下都是新的,但是,毕竟不同的人能够共有相同的意义,并且能够一次又一次地意谓相同的东西。尽管具体的意谓行为在各自情况下会改变,但是无论某人多么频繁地重复毕达格拉斯的

---

① 在"导论"出版之后,胡塞尔被指为一个柏拉图主义者。但这仅仅是部分事实。正如胡塞尔自己指出的那样,他从事于为观念性的有效性辩护,但并不认为在分离的超自然领域里存在观念对象。简而言之,他支持一种逻辑的而非本体论的柏拉图主义(Hua 22/156)。

定理,无论是谁想到它,无论这个行为在哪里,在什么时候发生,这个定理都将保持一致(Hua 19/49, 97-98)。

显然,胡塞尔并不否认命题的意义能够取决于其语境;他也不否认,如果境况不同,那么命题的意义也能够因此改变。他的观点仅仅是,地点、时间和人物的形式的变化并不导致意义的改变。"2000年1月,丹麦总理是一个男人"这句话,无论今天还是明天说,无论是我或者一个朋友说,无论在哥本哈根还是在东京说,它的真值都会一样的。(像"我"、"这里"、"现在"这样的偶然的或者索引性的表述却是例外[Hua 19/85-91]。)

在无数不同行为中重复同样意义的可能性,其本身就是反驳心理主义混淆观念性和实在性的充分论证。如果观念性真的可以还原为心智行为所具有的时间性、实在性和主观性等本性,并且受它们的影响的话,那么重复或者共享相同的意义就是不可能的,正如人们不可能重复在某时刻的具体的心智行为,更不用提与他人共享这一行为了。(我们确实可以进行一个相似的行为,但是相似性并非同一性。)但是,如果真是这样的话,那么科学知识和日常的交流和理解也就不可能了(Hua 18/194)。因此,胡塞尔可以认为,心理主义导致自否性(self-refuting)的怀疑主义。将观念性自然主义和经验主义地还原为实在性的尝试,破坏了任何理论的可能性,包括心理主义本身。

正如已经提到的,除了对心理主义的驳斥外,胡塞尔也试图确定使知识成为可能的必需条件,他区分观念的(ideal)和先天的两种可能性条件:客观条件(逻辑的)和主观条件(意向行为的)(Hua 18/240)。客观条件是根本原则、结构和规则,这些东西构成任何可能的理论之先天基础,违反这些就是违反了理论自身的概念。胡塞尔此处提到了对一致性和不矛盾性的要求(Hua 18/119)。然而,更令人惊奇的是,胡塞尔要求关注所谓意向行为的可能性条件。如果我们要谈论在主观意义上实现了的知识,那么就必须满足这些条件。如果认知主体不具有区分真理和错误、有效性和无效性、事实和本质、明证性和荒谬性的能力的话,那么客观和科学的知识也是不可能的(Hua 18/240, 3/127)。也许有人会问,这样是否会使胡塞尔倒退到心理主义;但显然,意识能够被经验性的心理学之外的学科研究,正如胡塞尔所强调的,他对实在的和因果的可能性条件并不感兴趣,他重视的是观念性条件。也就是说,胡塞尔的目标并非发现那些使智人实际上获得知识而必须满足的事实上的心理学和神经学条件,而是探讨使任何主体(不管他的经验和物质的构成)能够具有知识的那些必备能力(Hua 18/119, 240)。

从"导论"到《逻辑研究》的第二部分,主体性的敞开变得更加明显。"导论"的中心任务和积极任务是,表明观念性是客观性和科学知识的先决条件。即便不可能使科学客观性和逻辑的心理学基础相调和,人们仍面临一个明显的悖论:客观真理是在认知的主观行为中被认识的。而且,正如胡塞尔指出的,如果要得到关于知识可能性的更实质性的理解,我们就必须研究和阐明客观观念性和主观行为之间的关系。我们必须确定认识的主体是如何使观念物正当化和有效化的。

胡塞尔对观念和实在的区分在许多方面都和弗雷格的区分相似。但现象学和弗雷格对心理主义批判的一个非常重要的区别在于:胡塞尔认为这个分析之后有必要对意向性进行分析,而弗雷格对主体性和第一人称视角并不感兴趣。①

根据胡塞尔,只有对逻辑学和客观性的地位提供不同的说明,才能彻底克服心理主义。但为此我们就必须直接关注观念的对象本身,而不仅仅关注空洞的和玄思的臆测。这要求转向事情本身,将我们的思考仅仅奠基在实际被给予的东西上。换言之,如果我们要以不带偏见的态度来研究什么是观念性和实在性的话,就必须关注它的经验性的被给予性。但为此也必须对意识进行研究,因为只有在意识中,或者为意识,事物才能显现。因此,如果我们希望阐明观念性的逻辑原则或者实在的物理对象的真正地位,我们就必须转向经验这些原则和对象的主体性,因为只有在主体处这些东西才如其所是地展现自身(Hua 19/9-13, 3/111, 3/53)。因此,对认识论和科学理论的根本问题的回答要求兴趣的"非自然的"转变。我们必须对意识行为进行思考、主题化和分析,而非只关注对象。只有如此,我们才能理解认识行为和知识对象之间的关系(Hua 19/14)。

尽管胡塞尔对心理主义进行了严厉的批判,他对认识论根本问题的兴趣却使他必须再次回到意识。有时候,《逻辑研究》被看成一部深度分裂的著作:"纯粹逻辑导论"的特征是对心理主义的批判,而"现象学和认识论研究"却以对意识的描述性分析告终——但是,正如胡塞尔在《逻辑研究》第二版新的前言里写的那样,两部分的对立更多地只是表面上的,而非真实的。我们正在处理的是一部包含一系列系统联系的研究,它们逐渐达到更复杂的反思。只有对它浅薄的解读才会导致这样的误解,即认为这部作品是一种新的心理主义(Hua 18/11, 19/535, 24/201)。胡塞尔本人在第一版

---

① 参见科布-史蒂文斯(Cobb-Stevens)1990。

里轻率地将现象学的特征规定为描述心理学,但是他很快意识到,这是一个严重的错误(Hua 22/206-208),因为他对人的心理-生理(psycho-physical)构造以及经验性意识的研究都不感兴趣,他所感兴趣的是那些内在地、在原则上刻画知觉、判断、感觉(perceptions, judgments, feelings)等等的东西(Hua 19/23, 357, 22/206-208)。

让我简短地总结以上的论述。胡塞尔批判将观念性还原为心理过程的心理主义尝试。适当的分析将表明认识行为和知识对象(这里指逻辑规则)之间不可还原的区别。尽管必须坚持两者之间的区分,但是它们之间仍有所联系。如果这并非空洞的假设的话,就必须对这个联系进行充分的分析。如果想理解观念性,最终就要回到已经被给予的意识行为。然而对主体性的回归并非重陷心理主义。首先,这一回归并没有试图将对象还原为行为,而是仅仅试图就对象与行为的关系或者相对应来理解对象。第二,胡塞尔想理解和描述这些行为的先天结构。他对试图揭示它们的生物学起源和神经学基础的自然主义解释并不感兴趣。

第二节 意向性概念

现在,让我们继续来看《逻辑研究》的第二部分,即以"现象学和认识论研究"为标题的那部分。在第五和第六研究里,胡塞尔主要关注的是这样一个问题,即有意识究竟是什么意思。正如已经提到的,这并不是要对使智人有意识而须满足的经验条件进行分析——例如拥有充分发达的脑,完整的感觉器官等等——而是要对意识本身进行分析,无论它属于人类,动物还是外星人(参见 Hua

24/118)。胡塞尔对感觉生理学和神经学并不感兴趣,但对认识论感兴趣,他认为,对于诸如"想象一只独角兽意味着什么","期盼将要来到的丰收",或者"思考 4 的平方根"等问题,即使脱离可能经验性地或者事实性地牵涉进来的物理和因果性元素,也可以回答。情况确实如此,这不仅是因为,胡塞尔所感兴趣的只是意识的严格不变的本质性的本性——而不是可能经验地伴随意识的神经过程的本性——还因为,他所感兴趣的是意识的认知维度,而非其生物学基础。① 胡塞尔想对被从第一人称视角给予的经验进行描述,例如,我对一棵枯橡树的经验,但我头脑中发生的某种事情并不是我对于比如枯橡树的经验的一部分。② 因此,胡塞尔早就强调现象学的(形而上学意义上的)无前提性。现象学应该是对所显现之物(无论是主观行为还是世界的对象)恰到好处的忠实描述,并且应该避免形而上学的和科学的预设或玄思(Hua 19/27–28)。

在对经验结构的分析中,胡塞尔特别关注这样的经验,它们以"意识到……"这样的结构为特征,也就是说,他们都有对象-指向性。这个属性也被称为意向性。人们并不是纯粹地喜爱,害怕,看见,判断;而是爱所喜爱的,害怕可怕的,看见某个对象,判断某个

---

① 在《从经验立场出发的心理学》(1871)中,布伦塔诺首先认为需要对意识进行纯粹的描述分析。

② 在《观念 II》中,胡塞尔使这点相对地更为清晰了:当主体指向对象并经验这个对象时,我们并不是在处理一个实在的关系,而是处理与真实的东西的意向性关系。在特定的情况下,对象或许能够以一种实在的方式(因果地)影响我。但是如果这个对象不存在的话,那么这个真实的关系也不会存在,不过这个意向性关系却会保持其存在。如果这个对象存在的话,或许实在性的关系会补充那仅仅是意向性的关系,也就是说,在特定情况下可能影响我的感觉器官,但这仅仅是心理生理学事实,因此丝毫不影响意向性关系的结构(Hua 4/215–216)。

事态。无论我们谈论的是知觉、思想、判断、幻想、怀疑、期待、还是回忆，所有这些形式的意识都有这个特征，即这些意识总是意向着某些对象。如果不考虑它们的相关物，即那些被感知的，被怀疑的和被期待的对象，就不能正确地分析那些意识。

随后我将陈述胡塞尔对意向性具体分析的某些方面，但是，为了说明这些分析为何如此重要，就有必要提到某些其他的相关观点。

I

一个流行的观点认为，意识可以比做一个容器。它本身和这个世界并没有关系，但是如果它被外在对象因果性地影响了，也就是说，当信息进入它时，它就（和世界）建立那种关系。更准确地说，当且仅当对象因果性地影响意识状态时，才能说意识状态指向了对象。根据这个观点，意向性是存在于世界里的两个物体之间的关系。因此，感觉到（意识到）太阳的发热和被太阳晒热之间并没有根本的区别。这个对意向性的客观主义的解释是错误的，相对来说表明这点是比较容易的。在我的直接物理环境中，实在存在的空间性对象仅仅组成我所能意识到的东西的很小一部分。当我坐在我桌子旁边时，我不仅能够思考月亮的背面，我也能想到方的圆、独角兽、下个圣诞节和不矛盾律。当我思考不在场的对象、不可能的对象、不存在的对象、未来的对象或者观念的对象时，显然，并非这些对象因果性地影响到我，我才产生了对它们的指向。

当我思考一只独角兽时，我并非什么也不思考，而是在思考某物，对幻想和幻觉的分析将很快揭示，它们也是意向性的。有一种理论认为，如果我要意识到某个对象，那么它就必须因果性地影响我；

但是意向不存在的对象也是可能的,这是反对那个理论的关键论证。换言之,即使我所意向的对象并不存在,我的意向仍是意向性的。

II

即使表明对意向性的客观主义解释是错误的,还是可能为一个主观主义的解释辩护。意向性是意识和其对象之间的关系。只有相关的二者都存在,这个关系才存在。然而,因为对象并不总是在实在中存在,所以意向性必须首先和首要地被理解为和内在于心灵的对象的关系,也就是说,和内在于意识的对象的关系。但是这个解释仍然是错误的。正如胡塞尔所指出的,如果假定意向对象是内在于(意识)行为的(act-immanent),也就是说它实际上被包含在意向之内,并从而和经验本身有同样的存在方式,这样做只会导致对行为和对象之间的绝对区分的否定。但这个区分的存在又是很容易被说明的(Hua 19/385)。

首先,人们可以指出事物的同一性。我们可以在不同的心灵行为中指向同样的对象(两种不同的知觉可以感知到同样一棵树),因此,对象的同一性不可能依赖于行为的同一性。如果我的意向的对象真的是内在于行为的,那意味着我将永远不能多次经验同一对象。每一次我都是重新感知对象,我的感知是全新的,并且因此我的感知对象也是全新的。根据同一个原因,多个主体经验同样的对象也将是不可能的。这第二个对意向性的误读只是我们在"导论"中已经遇到的同样错误的另一个版本。心理主义忽视知识的时间性行为和知识的观念性对象之间的区别,并且试图将后者还原为前者。以相近的方式,主观主义(主观唯心论)试图将意向对象还原为心灵内容。

第二，胡塞尔不断强调我们的行为和我们的对象在被给予方式方面的区别。以一个物理对象为例，如我的钢笔，它的特征是有角度的现相(*perspectival appearance*)(Hua 3/86-89)。当我们感知一个对象时，必须区分显现之物和现相，因为对象从来不是整体显现，而总是从某个特定而有限的角度来显现的。(与这一情况相似的是，当我们思考一个对象时，我们总是在某种特定的描述和概念下来思考它。)没有任何单一的现相能够把握住整个对象；对象总是不能被单个的被给予性穷尽，而总是超越它。这不是在对象隐藏在现相之后的意义上——就如一个康德式的不可知的物自体一样——也不是在对象是现相的总和的意义上来说的，而是在它是联系所有不同现相的同一体的意义上来说的。

不从当下被给予的角度，而从其他角度来经验对象，这总是可能的，但是在考虑到意识本身的被给予性时，情况却不同了。当我在反思中试图将视知觉作为主题时，这个知觉却并非角度性地被给予的。可以说，它没有一个隐藏的背面。(虽然行为在时间上的确是延续的，并且在此意义上，它不能在其时间性总体中被给予反思，但是，正如胡塞尔指出的，这样的不完全性和刻画物理对象的有角度的被给予性中的不完全性是很不同的[Hua 3/94]。)但是如果对象真是内在于心灵的，如果它真的包含在意识中，并且是意识流的一部分的话，它将分享行为的非角度的被给予性，但是事情并非如此。这不仅对于我们对实在对象的指向是成立的，而且对于我们对"非实在"对象的指向来说，也是如此，而后者能够被刻画为对超越的对象的指向性。

如果我在2000年1月承诺带一瓶2002年的法国博若莱葡萄酒

给我父亲,以此作为他 2003 年 80 岁生日的礼物,那么这个承诺只有在这样的情况下才能被履行/实现,即我在 2003 年给了他一瓶实实在在的酒作为礼物。如果我承诺的对象,在我作出承诺的时候并不存在,而只是一个心灵对象,那么我就不能按照说的方式来兑现承诺。一个关于心灵对象的承诺,不能因为提供一个外在于心灵的对象而得到兑现;如果我首先确定我的意向的对象是一个内在于精神的对象,那么它将不能变得和一个超越的,外在于心灵的对象同一。

如果我思考一个演奏长笛的农牧神,我们所面对的是一个意向农牧神,并且有具体的结构的意向性行为。但是农牧神并不内在地包含于行为中。无论我们多么仔细地分析这个行为,我们都不能发现农牧神是其中的一部分。这不仅因为农牧神具有我的意识所没有的一些特性,例如跳跃或演奏长笛的能力,而是相对于行为来说,这个幻想出的农牧神也是从特定的角度显现的。此外,声称幻觉和幻想的对象在心理上是存在的,将导致荒谬的结论。那将意味着,我所想象的和在幻觉中见到的粉象以及金山等等,将如我的想象行为一样,是真实存在的,如果是这样的话,众所周知的陈述"金山不存在"将会是错误的(Hua 22/310, 3/49)。

如果我们接受所谓的"非实在"的对象既不内在于心灵而存在,也不外在于心灵而存在,并且因此根本不存在,那么这会得出幻觉、幻想、错觉等等并不具有意向性这个结论吗?答案是否定的。胡塞尔试图表明这样一个观点:无论意识行为的对象是否存在,它们都是意向性的,并且正因如此,没有必要将某种心灵存在(或者,用布伦塔诺的术语来说,"意向性内存在")归属于"非实在"的对象,以拯救行为的意向性。

III

我经常谈论意向对象。这不应该被等同于某种心灵构造,它仅仅是我的意向的对象而已。如果我看着我的钢笔,那么我的意向对象正是这支实在的钢笔,而不是一些什么心灵图画,摹本或者钢笔的表象(Hua 3/207-208, 22/305)。确实,胡塞尔可能断言,在知觉的情况下,我们与对象有直接的、无中介的接触。胡塞尔如此主张是为了给一种直接的知觉实在论辩护,这样做也使他和一种仍然很流行的知觉的表象论相抵触。这个理论从一个无辜的问题出发:如何建立知觉对象和主体之间的联系?让我们假定我正看着一朵红玫瑰,在这样的情况下,我有一个关于红玫瑰的经验,但是,这当然并不意味着,红玫瑰作为物理对象在我的意识中在场。因此,知觉的表象论认为红玫瑰影响了我的知觉器官,并且使一个对红玫瑰的心灵表象在我的意识中产生。根据这个理论,每个知觉蕴涵着两种不同的实体,即外在于心灵的对象和内在于心灵的表象。

与此相反,胡塞尔认为,如果有人主张对象是在意识之外,而它的表象是在意识之内的,从而阐明了意识和对象之间的意向性关系,那就错了(Hua 19/436)。这个理论的核心问题仍然存在——即,需要解释为什么心灵表象在定义上与对象不同,却可以将我们引向对象。胡塞尔的批判主要是建立在这个困难上的,但是,认为存在两个不同的实体的预设必须被当作不忠实于经验的而被排斥。当我知觉到一朵玫瑰时,那么我知觉的对象就是这朵玫瑰,而非其他任何东西。声称还有一朵内在的玫瑰,即一幅内在于心灵的玫瑰图画或者表象,却正如胡塞尔正确地强调的那样,是一个解释不了任

第一章　早期胡塞尔：逻辑、认识论和意向性

何事情的纯粹的假设（Hua 3/207-208）。

胡塞尔反对知觉的表象论的主要论证包含在对表象和表象意识的意向性分析里。尽管他的批评主要是针对知觉的表象论中的**映象版本**（*image version*），这个版本主张，心灵表象是因其与实在对象的相似性（因和其相似）而与实在对象相关联的，他的论证在本性上却更加根本。最终，他的论证反驳了所有主张我们的知觉是间接的，且是以与知觉对象本身不同的东西为中介的那些原型。

对胡塞尔来说，某物表象另一物（如 X 表象 Y），并不是对象的自然属性。我们说某物是红色的、延展的或者金属性的，但是我们并不在同一意义上说某物是表象的。无论两个事物多么相似，都不会使一者变为另一者的图画或者映象。两本同样的书或许很相似，但是这并不令其中的一本成为另外一本的表象；并且，相似性是相互的关系，而表象关系却不是。① 相反，如果 X 要表象 Y，那么 X 就需要被解释为 Y 的表象。正是这个解释，也就是说，作为一种特定的意向性，赋予了 X 以表象的功能。以丢勒的马克西米利安皇帝肖像画为例，这幅画最重要的是具有特定现相的物理对象——一个包着帆布的蓝色的画框，还有几层颜料。只有通过一个解释，它才变成了马克西米利安皇帝的肖像，也只有通过这个解释，这幅画才指涉并表象马克西米利安。正如胡塞尔写的，

> 只有对于构成相似性的意识来说，一幅画才具有相似性，正是意识的想象的统觉，将自身建立在知觉之上，才首先给予了它原来的、知觉上显现的对象以映象的地位和意义。因为将

---

① 参见索克洛夫斯基（Sokolowski）1992, 5。

> 某物作为映象的解释预设意向性地被给予意识的对象,如果我们仍然让后一对象通过映象构成,或者当真认为有一个内在于简单知觉的"知觉映象",如此映象才指涉"事物本身";在这两种情况下,我们只能陷入无限倒退(Hua 19/437 [594,译文有修改]。参见 Hua 19/389)。

胡塞尔的分析说明,表象指称是寄生的。那个被解释为表象的对象必须首先被感知。但在这种情况下,我们显然必须反对知觉的表象理论,因为这个理论主张知觉本身只有通过表象才可能。如果表象预设了知觉和更广泛意义上的意向性的话,表象就不能解释它。①

根据胡塞尔,我们"首先和大多"(zunächst und zumeist)指向的是世界上的真实对象。这个指向是直接的,也就是说,不以任何心灵表象为中介。所以,与其说我们经验到表象,不如说我们的经验是呈现性的,并且它们将世界作为具有特定属性的呈现出来。

* * *

根据已有的陈述,有两点将是清楚的:1) 胡塞尔主张,意向性

---

① 知觉的表象理论也面临着另外的困难。例如:如果某人对外在于心灵的对象和内在于心灵的对象的表象作出区分,那么回避下面这个问题也很困难:我们怎么知道我们意识中的表象实际上与外在于意识的东西相符?我们不仅没有能够比较两者的中间立场,并且,正如许多世纪之交的认识论学家断定的那样,有很多原因使我们相信它们根本不相似。布伦塔诺写道,只有当我们的感觉器官被因果性地影响时产生了物理现象,即分子震动的符号时,才是某些真实之物存在的迹象(布伦塔诺[Brentano] 1924-1925, 13-14, 28, 66-67)。既然现象和这些震动没有丝毫相似,布伦塔诺断定,物理现象根本不以忠实的方式表象他们的原因,因此,感性经验必须被判定为误导性的。换言之,我们并不就实在本身而经验实在(布伦塔诺[Brentano] 1924-1925, 14, 86-87, 128)。

第一章 早期胡塞尔：逻辑、认识论和意向性

不仅是我们对实际存在对象的意识的特征，而且也是刻画我们的幻想、预测和回忆等等的特征；并且 2)胡塞尔认为，被意向的对象本身并不是意识的一部分，也不被意识包含在内(Hua 19/385)。

如果我们比较对一棵枯橡树的知觉和对演奏长笛的农牧神的幻想，那么1)如果我们认为，在前面的情况下我们是意向性地指向了某个对象，而在幻想的情况下并非如此，那么我们将是错误的。2)断言在两种情况下我们所意向性地指向的都是存在着的、内在于心灵的对象，也是错误的。3)认为在知觉里，我们意向的是一个外在于心灵的、超越的对象，而在幻想里，我们所意向的却是内在于心灵的、内在的对象，这也是错误的。最后，4)认为在第一种情况下我们意向的是既内在又超越地存在的对象，而在第二种情况下我们所意向的只是内在地存在的对象。这种看法也是错误的。正确的描述必须是5)在两种情况下我们所指向和意向的都是超越的、外在于心灵的对象。区别只在于，在第一种情况下所指是存在的，而在第二种情况中则不存在。列表看来就是：

表1　意向性的不同理论

	知觉	幻想
理论1	行为意向一个对象	行为并不意向一个对象
理论2	行为意向一内在地存在的对象	行为意向一内在地存在的对象
理论3	行为意向一超越地存在的对象	行为意向一内在地存在的对象
理论4	行为意向一既内在存在又超越存在的对象	行为意向一内在地存在的对象
理论5	行为意向一超越的、存在的对象	行为意向一超越的、不存在的对象，也就是说，行为包括能指，但却没有所指

在这个背景下,我们可以认为指向"非实在"的对象的意向将和普通的知觉一样,都被对一个超越的对象的指称或者指向性所刻画。但与普通的知觉相反,那样的意向的所指,既不内在于,也不外在于心灵而存在。在幻觉的情况里,粉红色的大象既不在意识之内,也不在意识之外而存在,但是幻觉行为仍然包含对超越的、外在于心灵的对象的指称(Hua 19/206)。正如胡塞尔写的那样:

> 如果我向自己呈现上帝、天使,或者可知的物自体,或者物理事物,或者圆的方,等等,我指的是,在每个情况下被命名的超越的对象,即我的意向性对象:无论这个对象是存在的还是想象的或者荒谬的,都是如此。"这个对象仅仅是意向性的"这句话当然并不意味着它作为意向的实在的(*reelles*)部分在其中存在,或者说它的一些幻影存在。而只意味着,被规定为对对象的指称的意向存在,并非那个对象也存在。如果意向对象存在,那么意向,即能指,并不单独存在,被指称的事物也存在(Hua 19/439 [596])。

与所谓的自然关系不同,意向性被这样一个事实所刻画,即它不预设两个相关项的存在(因此,最好不要将意向性称作一种关系)。如果 A 因果性地影响 B,那么 A 和 B 必须都实存(exist);如果 A 意向 B,只有 A 必须存在。如果我确实骑在一匹马上,那么马和我都必须存在。但如果我只是意向一匹马,那么这匹马并不必须存在。因此,意向性一个重要的方面正是存在独立性(*existence-independency*)。从来不是意向对象的存在使意识行为成为意向性的，无论这个行为是知觉还是幻觉。我们的心灵并不因受外在的影响而变为意向性的，并且，即使心灵的对象不存在了，它也并不失去意向性。意向性并不是当意识受到对象影响才产生的外在关系，相反，它是意识的内在特征。意识的意向敞开性是其存在的不可分割的部分，而非能够无中生有的部分。因此，意向性并不预设两个不同的实体——意识和对象的存在。意向性发生所需要的所有条件是：具有对象-指向性这一合理内在结构的经验的存在（Hua 19/386，427）：

> 一个呈现以某种方式指称特定的对象，并不是因为它作用于某些外在的、独立的对象，在某种字面意义上"指向"它自己，或者对它以及与它一起做某事，就像一只手用一支钢笔写字一样。那也不是因为在呈现之外的任何东西，而仅仅是因为其自身的某种特殊性（Hua 19/451 ［603］）。

因此，显然，我们不能用胡塞尔对意向性的分析来支持某种形而上学的实在论，就好像胡塞尔应该主张，只有独立于心灵但却被心灵所指向的东西存在，我们才能谈论心灵。[①] 对意向性的分析"仅仅"表明，存在因其自身的本性而指向超越的对象的意识行为。然而，这个证明足以克服这样一个传统的认识论问题，即怎样使主体和客体相互关联的问题。主体如何达到客体根本不是一个问题，因为主

---

① 在《存在与虚无》里，萨特主张主体指向不同于主体的东西，因此坚持意向性理论包含着对独立于心灵的实在的本体论证明（Sarte，1943，28-29）。但是，不同于和独立于并非一回事，这样，萨特的"证明"的有效性就是可疑的。

体本身就是自我超越的,而且本身就指向与自身不同的东西。在知觉那里,这个某物就是对象自身,而不是它的映象或者摹本。

因此,胡塞尔的意向性理论和影响他的理论(例如布伦塔诺和特瓦尔多夫斯基的意向性理论)之间的一个决定性区别在于,胡塞尔坚决反对我们把意向对象理解为我们通达实在的、独立于心灵的对象的中介。胡塞尔还强调,只有某对象是我们意向的对象时,即只有它是意向性的对象时,我们才能意向它:

> 需要承认,表象的意向对象和它的现实的对象一样,也有时候是与其外在的对象一样,区分两者是荒谬的。如果超越的对象不是这个表象的意向性对象的话,那么这个对象就不是这个表象的对象。这很显然是一个分析命题。这个表象的对象,确实是并且意味着被表象之物,即意向对象(Hua 19/439 [595—596])。①

因此,胡塞尔可能主张区分意向对象和实在对象是无意义的。但不是在所有的意向对象都是实在的意义上,而是在此意义上:如果被意向的对象真的存在,那么我们的意向对象就是这个真实的对象,而不是其他对象。

现在的关键问题在于,在《逻辑研究》里,胡塞尔能否给纯粹被意向的和实在存在的对象的区别给出现象学说明。什么时候说一个对象是实在的才是合法的?一个对象存在又是什么意思?为

---

① 《逻辑研究》里的这段话经常被作为胡塞尔的形而上学实在论的证据。以后我将回头讨论这个误读(参见边码第40页)。

了回答这些问题，我们有必要仔细地考察胡塞尔本人的正面阐述，而不仅仅是关注他对意向性的不同误读的批评。

第三节　行为、意义、对象

根据胡塞尔，我们能够从三个不同的角度来分析所有的意向经验。一种是，我们可以关注心智过程，并分析行为的内在（实在［reelle］）内容。另一种是，我们也可以分析经验的意义，并借此来研究它的意向内容。最后一种是，我们可以关注被意向之物，也就是关注（意识）行为所意识到的意向对象（参见 Hua 19/129）。我已经提到，意向对象远不是某种神秘的，类真实的实体，而只是与被意向的对象相同一的——但是意向内容是怎样的呢？正如已经提到的那样，意识的意向性不是由外在的影响导致的，而是由于经验本身的内在环节。简单地说，是意向内容使意识成为意向性的，并给行为提供指向性。

显然，存在不同种类的意识。相信、意愿或者怀疑在死海里游泳是否健康这些种类意识之间都存在差别，正如看月亮和欣赏《天鹅湖》演出之间存在差异那样（Hua 19/381）。根据胡塞尔，将这些区分更加系统地分类是可能的，因为每个行为都被认为拥有一个意向内容，而这个意向内容具有两个不同但不可分离的环节，即质性和质料。

每个意向经验都是具体类型的经验，无论它是希望、欲望、回忆、肯定、怀疑、害怕还是其他类似的经验。胡塞尔将经验的这个方面称为经验的意向性质性。每个意向经验，无论是对一头鹿、一只猫或者一个数学事态的经验,都指向某物,并且关于某物。胡塞尔将这些确定经验是关于某物的这个成分称为经验的意向性质料(Hua 19/425-426)。

同样的质性可以和不同的质料相结合,并且同样的质料可以和不同的质性相结合。想象"百合是白的",怀疑"百合是白的",或者去问是否"百合是白的?"都是可能的,就如同去判断"月亮是圆的","地球是平的",或者"草是绿的",都是可能的一样。怀疑"通货膨胀将会继续",怀疑"选举是公平的"或者怀疑"某人的下一本书将会是国际畅销书"都是可能的,就如否认"百合是白的",去判断"百合是白的"或者去疑问是否"百合是白的"等,都是可能的一样。因此,胡塞尔对意向性质料和意向性质性的区分,和当代对命题内容和命题态度之间作出的区分有一定的相似(尽管我们必须强调,胡塞尔决不认为所有的意向经验在本性上都是命题性的)。

虽然意识行为的质性和质料都是抽象的、不能相互独立而存在的成分(Hua 19/430),胡塞尔仍然倾向于给予质料以优先性。根据胡塞尔,正是质料给行为提供了朝向对象的指向性,而质性只是规定了这个指向,却没有建立它(Hua 19/452)。[①] 胡塞尔偶尔也称

[①] 正是在这个语境下,胡塞尔引入了对对象化的和非对象化的行为的区分。第一种行为自身就包括对对象的指称。这种行为的例子有知觉和判断。然而,还存在诸如审美评价和爱与恨的感情这样的意向行为,尽管它们也指向对象("那只花瓶漂亮","我爱巴黎"),但它们只是以一种被奠基的方式来指向对象。它们被潜在的对象化行为所支持:"快乐凭其本身并非一个具体的行为,它伴随着判断:判断潜在于快乐之下,并确定其内容,实现其抽象的可能性,没有这样的基础,就根本不会存在快乐"(Hua 19/418 [581])。换言之,每个意向性经验或者是对象化行为,或者以这样的行为为基础(Hua 19/514)。除了谈及对象化的和非对象化的行为外,胡塞尔还谈到第一性和第二性的意向。

行为的质料为行为的观念性意谓或者意义,[①] 他的这个观点就是,我们正是通过意谓关于对象的某些东西才意向着它(Hua 19/54, 24/53,150):

> 在意义中,一种与对象的关系被构成。有意义地用一个表达,和明确地指向一个对象(形成关于它的表象),是同一回事(Hua 19/59[293])。

正是意谓或者意义给意识提供了对象指向性(当然,在这个语境下谈论一个对象并不必然地指一个实际存在的对象,而仅仅指一个意向对象,即被意向的对象)。更具体地说,质料不仅规定了哪个对象被意向,而且也规定了这个对象是作为什么被理解和设想的。因此,人们习惯于将意向"关系"说成是依赖于概念的。人不仅仅简单地意识到一个对象,人总是以某种特殊的方式意识到一个对象,也就是说,意向性地指向某物,就是将某物作为(intend…as)某物意向。人将某物作为某物意向(知觉、判断、想象),也就是说,人总是在特定的概念和描述下,或者从某个特定的角度来意向。想到丹麦的首都或者尼尔斯·波尔的家乡,想到希拉里·克林顿的丈夫或者20世纪美国最后一个总统,想到2+4或者5+1的和,以及从下方或者上方看一座瑞士小别墅——在这四种情况下,人们想到的是同一个对象,但却是在不同的描述、概念下,从不同的角

[①] 在《逻辑研究》中,胡塞尔还没有区分意谓(*Bedeutung*)和意义(*Sinn*),但后来他将意谓狭窄地理解为语言性的意义,而将意义理解为包括前述谓的和知觉性意义的更全面的概念(Hua 3/285)。

度，也就是带着不同的行为质料来思考的。尽管同一个行为质料永远不能意向（指向）不同的对象，但不同的行为质料却可以意向相同的对象（Hua 19/430）。

尽管我们总是通过一个意义才意向某个对象，但还是必须坚持行为、意义和对象之间的区分。对象（无论是数字6这样的观念对象，还是我的古董表这样的实在对象）既不能与行为混淆（意谓某物的过程），也不能与使我们理解对象的观念的意义混淆（Hua 19/211）。一般的情况下，我们并不指向意义，而是指向对象："我们的兴趣、意向和思想——在宽泛的意义上只是同义词——只排他地指向给予意义的行为中被意谓的事物"（Hua 19/47［283］。参见 Hua 19/108）。或许，从那些具有相同的对象、却有不同的行为质料的情况中可以特别清楚地看出，意义和对象决不能等同。①

尽管胡塞尔认为意义决定指称，但是，认为他的理论只适合处理那种通过使用明确描述而被（语言性地）表达出来的指称，即那些行为的质料通过描述性地陈列某物的属性来规定物的情况，却是错误的。相反，胡塞尔早就意识到，"这个"不是修饰性地而是直接地指称，并且，更加重要的是，他也意识到，在何种程度上知觉包含了指示的（demonstrative）成分。当我知觉到一个对象时，我意向的是这个对象，而不是任何具有相似属性的对象（Hua 19/553-554）。②

正如已经提到的，胡塞尔也讨论意识行为的内在内容。这应该

---

① 特瓦尔多夫斯基和弗雷格比他更早提出这个观点。
② 对这个观点的有趣的说明，参见史密斯（Smith）1981, 1982a, 1982b, 1984。

是什么意思呢？让我们假设：我正在坐着检查我的笔。我向别处看了一会，然后又将我的目光转向这支笔。在这个情况下我拥有关于这支笔的两个不同的知觉（和两个不同的现相）（Hua 10/8）。但是这两者的差别在哪里呢？这是同一个意向对象，并且是同一个意向内容，但是我们处理的却是两个不同的知觉，两个各自带有不同的内在内容的心灵过程。这个知觉是一个经验，一个时间性的意识过程，并且它的内在内容是组成作为心智过程的具体行为的环节或者部分（Hua 19/411）。与超越行为的意向对象和意向内容（相同的对象在被我或其他人意向时，在不同的行为中带着相同的观念的意义）相反，内在内容在严格意义上是内在于心灵的、私人的。因此，谈论在不同的行为中发生了相同的内在内容是无意义的。但是内在内容到底是什么？所有的行为，在正在发生的主观意向的意义上，都有一个内在内容。另外，有些行为包括进一步的内在元素，即感性的成分（Hua 19/362, 391, 527-528）。

一会我将回到这些感觉（*Empfindungen*），但是胡塞尔根据内在内容而给出的对意向的描述仍需一个说明。意向就是质料和质性的联合体，而非其他，但是胡塞尔怎么能够突然断言这个联合体内在于行为的时间之流，既然他早先还将它描述为观念性的意向内容？我们可以从胡塞尔在《逻辑研究》中辩护的意义理论中找到解答。在那个时候，胡塞尔将观念性的意义（那些可以被我和其他人重复或共享，又不失去其同一性的意义）和具体的意谓行为（意向某物的主观过程）之间的关系，理解为观念性和它的具体实例之间的关系。正如他所说，观念性的意义是具体意向的本质："意义是和不同的意谓行为相关的……就如作为类的红色和这里的纸一样，都'有'同样的红"（Hua 19/106［330］）。① 从而，行为的内在内容就成了观念性的意向内容的一个实例，而同样的意向内容还可以存在于同样种类的其他行为里。内在内容组成了行为的成分，因此内在内容实际上是包含在行为中的，尽管如此，观念性的意向内容对于具体行为来说，还是具有一定的独立性。

为了阐明胡塞尔所理解的感觉，请允许我回到上面的例子。我手里拿着一支笔坐着，并且把它转来转去来细看。在这个过程中，我总是指向相同的对象，并且总是意识到这支笔。但是，对同一个对象的意识可以说是贯穿杂多而被建立的。这不仅是因为我的作为时间性过程的感觉总在改变，也因为我一直体验着变化着的视觉和触觉的杂多（Hua 19/396, 3/84）。

这些感觉既不是心灵的对象，也不是知觉性对象——胡塞尔并没有骤然为某一版本的知觉的表象理论辩护，他并没有主张我们知觉的直接对象是内在于心灵的、表象外在对象的感觉材料（sense-datum）。准确地说，他主张，存在非意向性的经验性元素，它们是组成知觉行为的部分的经验行为的要素。它们是经验的部分，而不是被知觉到的东西的部分。即使人们意向同一个对象，他们还是能够体验不同的感觉内容，也就是说，既然人们能够在不同的感觉里意向相同的对象，那么很显然，这两者必须被区分开来，并且不能把对象还原为感觉的复合体。

让我重复一下：根据胡塞尔，我们并不指向内在于心灵的内容。感觉构成行为，但是，它们并非是被意向之物，它们不是行为所意

---

① 胡塞尔在 1908 年左右便放弃了这个概念，并以将意义理解为行为的相关物的理论替代了这一概念，对他为什么这样做的理由的精练分析，见贝奈特（Bernet）1979。

识到的东西。如果我看着帝国大厦,那么我知觉到的不是我的视觉行为,而是这座大厦。行为以及它内在的成分仅仅是被非主题化地和前反思地体验了(Hua 19/165, 387, 424)。从而,一种耐人寻味的不对称被揭示出来:包含在行为里的并非我们所意向的,而我们所意向的也不包含在行为里(Hua 10/89)。

下面是一个关键的问题:到底是什么使得知觉到同一的和稳定的对象成为可能?可以肯定的是,不仅仅因为存在感觉的杂多。实际上,胡塞尔提出,感觉是带着具体的意义而被解释和理解的,并且正是这个客观化的理解,向我提供了关于对象的意识(Hua 19/397)。这个意义当然就是行为-质料,并且,正是由于对感觉的把握和解释,知觉对象才得以显现。正是因为这个客观化的解释,我们才能超越经验到的感觉(在知觉的情况下),并指向一个对象。换言之,正是由于感觉和解释的相互作用,才构成了对象的现相。看见一支笔就意味着,把握一个带着客观化的、综合化解释的感觉杂多。听小提琴演奏就意味着去理解经验到的杂多并将其分类。

统觉是我们多出来的东西,它是在经验自身里被找到的东西,而且就其描述性内容来说,它和感觉(sense)的未加工的存在相反:它是赋予感觉以灵魂的行为特性,并且在本质上就使我们感知到这个或者那个对象。举例来说,统觉使我们能够看见这棵树,听见这铃声,闻到这花香,等等。感觉,和"解释"或者统觉它们的行为,都被经验到了,但是它们并不作为对象显现:我们并不能以任何感觉看到,听到或者知觉到它们。另一方面,对象显现并且被知觉,但是它们并没有被经验到(Hua

19/399〔567〕)。

正是通过解释,感觉才得到一个意向性的指称——然后我们才有指向对象的知觉。正是因为感觉自身是非意向性的,即它们没有内在的对象-指称(object-reference)(Hua 10/89, 3/92),所以我们才能够用不同的方式来解释它们。与布伦塔诺相反,胡塞尔最终将否认意向性是我们意识的一个本质特征。尽管意向行为构成了经验的绝对重要的部分(Hua 19/392),尽管胡塞尔后来将会写道,既然所有经验都以这样或那样的方式具有意向性,那么它就是至关重要的(Hua3/187),但情况却是,并非每一类的意识都是意向性的意识。除了非意向性的感觉外,人们还可以指出许多其他缺少意向对象的经验,如快乐、眩晕、恶心、焦虑等等。

我们已经知道意向性的核心在于"将某物作为某物解释"。正如胡塞尔写的那样:"我们所'意识到'的对象,并不是仅仅以在盒子里的方式在我们的意识里(in),以至于我们就只能在意识里找到和抓住它们……它们首先被构建为对我们来说是什么的存在,被构建为对我们来说算什么的东西,这种构建具有不同的客观意向"(Hua 19/169〔385〕参见 Hua 2/71-75)。

第四节 意指性的和直观的被给予性

根据胡塞尔,没有意向性经验可以缺少质性和质料的成分。因此,他把这个复合体称为行为的意向性本质。尽管这个意向性本质决定了哪个对象被意向,也决定了它被如何理解(带有哪些属性),

以及以哪种方式被意向（作为被判断的、疑问的、怀疑的等等）。但是，我们仍然没有穷尽对象被意向的不同方式。只要我们仍然只关注我们意向或者意谓某个对象的能力，我们能够处理意向性本质，胡塞尔也把它叫做意义-意向（Hua 19/432）。但是当我们要阐明对象的·被·给·予·性，即对象显现的不同方式时，我们就必须超出质·性-·质·料这对范畴。让我举一个具体的例子：在一种情况下，当我的笔记本不在场时，我判断"它是蓝色的"；而在另一种情况下，笔记本在场，然后我看见它并作出判断"它是蓝色的"；比较这两个情况，我们就会发现，我们所处理的是两个带有同样质性和质料的判断行为。但是这两个行为之间仍然有一个重要的区分，而这个区分涉及超出意向性本质的东西。在两种情况下，我都是对同样一个对象——笔记本——作出判断，不过，正如胡塞尔所写的，在前面的情况中，我只有一个空的、仅仅是意指性的意向，但是在第二种情况下我有一个·直·观的意向，或者具体地说，一个笔记本亲自在场（leibhaftig）时的知觉意向，并且是被亲身地直观地给予了（Hua 19/434）。当我们希望研究行为意向对象的方式时，我们就不仅可以变换行为的质性和质料，也可以变换被意向的对象的·被·给·予·方·式。

这样就证明，有必要区分两种行为，一个是使朝向对象的指向性成为可能的行为部分，即意向性本质，另一个是决定对象是如何被给予的行为部分。在《逻辑研究》里，胡塞尔主要区分了·意·指的、·想·象的（图画的）以及·知·觉的被给予性（我将集中关注这三种模式，另外一些重要形式包括幻想和回忆）：[1] 我可以谈论一棵我从没见

---

[1] 尽管图画意识（想象）和幻象都意味着对某些缺席者的意识，但是，两（转下页）

过、但却听说在后院里的枯橡树，我可以看这棵橡树详尽的图画，或者我可以直接知觉这棵橡树。同样，我可以谈论无家可归的人睡在大街上是多么可怕；我可以看一个与此相关的电视节目；或者我可以自己试试看。这些意向同一个对象的方式并非不相关。相反地，根据胡塞尔，根据它们能否尽可能地把对象更加直接地、本源地和最佳地给予我们，我们可以把这些方式排序，在这个意义上，它们之间形成了严格的等级关系。对象可以被更直接或者更不直接的方式给予，即它可以或多或少地在场。我们也可以谈论不同的认识水平。在意指行为中，对象以最低的和最空洞的方式显现。这些（语言性的）行为当然有一个指称，但除此之外，那些对象并没有以任何具体的方式被给予。想象的（图画性的）行为有特定的直观内容，但是和意指行为一样，它们只是间接地意向对象。意指行为是通过一个偶然的表象（一个语言符号）来意向对象的，而图画性行为却是通过和对象有某些相似性的表象（图画）来意向对象的。只有现实的知觉将对象直接地给予我们。这是唯一一种活生生地将对象完全给予我们的意向（Hua 19/646, 3/90-91）。照胡塞尔的说法，所有类型的再现（re-presentation [Vergegenwärtigung]）都是某些派生的行为，它们指向的是严格意义上的呈现（presentation [Gegenwärtigung]），即对象被更加直接地、本源地和更好地给予的方式。

综上所述，很明显，胡塞尔认为语言性的意向不如知觉意向

（接上页）者之间还是存在明显的区分。在图画性意识里我通过另外的某物而意向某物。但这个表象的功能却不是幻想的一部分。如果我想到跳舞的农牧神，这个农牧神不能被当作对一个实在的农牧神的表象。相反，我们所处理的不是一个被当作实在的、而仅仅是作为似乎是实在的显现的意向对象（Hua 8/112-113）。

本源和根本。用技术化的术语来说，它们是被奠基的(founded)意向。X 奠基在 Y 之上，并不是说 X 能够从 Y 得出或者能够还原到 Y，而只意味着，X 以 Y 为条件，并且不能独立于 Y 而存在(Hua 19/281-282)。① 因此，胡塞尔可能会主张，语言性的意义是通过与世界前语言和前述谓的遭遇才建立起来的。在这个语境下用前缀"前"(pre)并不是仅指这样的事实，即这里所说的经验在时间上是先于语言的(或者语言的获得)；它也指这样一个事实，即我们对世界的知觉性的熟悉是语言意义恒久的条件和来源。即使一个人可能知道"深红"、"猩红"和"朱红"这些词，但如果这个人是盲人，他就会对这些概念缺乏相应的知识，并因此无法看见这些颜色。

一种语言学-哲学的假设认为，所有意义在本性上都是语言性的，但是胡塞尔的前语言经验这一概念却蕴涵对这一假设的批判。② 对胡塞尔（正如对梅洛-庞蒂一样）来说，这一设想是理智主义抽象的结果，使得理解被感知的东西如何能作为语言描述的指导线索成为不可能。将意义和感性(Sinn and Sinnlichkeit)相分离，否认对象的知觉被给予性和其述谓性表达的连续性，就是使概念思维和知觉的关系成为不可理解的、偶然的。③ 否认前语言的认知能力和前语言的认知的综合的存在，并主张将某物理解为某物预设了语言的使

---

① 胡塞尔的奠基概念和当代的随附(supervenience)理论有很多相似之处。
② 人们可能会遇到下面这个断言，在其关于前语言的经验的论题中，胡塞尔试图揭示经验的先于任何解释的直接性层面，但是胡塞尔因此就忽视了所有经验都包含解释这个事实。然而，这种解释学的批评本身就犯了一个错误，即认为所有的解释都是语言性的。但是胡塞尔和海德格尔都说明过，也存在很多前语言的解释(参见海德格尔[Heidegger] 1976, 144-145)。
③ 这个立场很容易导致相对主义：我们当下的语言游戏完全决定了什么是真实的东西。

用,这些观点不仅使理解语言使用者是如何学习到一门语言的成为不可能,而且也公然违反了当代发展心理学的成果。[①]

胡塞尔对前语言经验维度的兴趣(在《被动综合分析》和《经验与判断》等后期著作里,他作出了一些分析),并不意味着他完全忽略了语言的功能。相反,他承认,如果不考虑语言的作用,就不可能理解科学知识的可能性(参见 Hua 19/7-8,和边码第 136 页及以下)。但是,对胡塞尔来说,对语言的作用的分析是对某种被奠基的东西的分析。[②]

让我回到那个笔记本的例子。如果我去寻找我的笔记本,并且找到了它,那么我所处理的就是这样一个情况,即被找到的笔记本,更准确地说,那个知觉性地被给予的笔记本,满足了或者充实了我的意向。一开始我只有一个纯粹的意指意向,现在,它却被一个新的意向充实了,在那里,同一个对象被直观地给予了。原先被想到的东西,现在却被看到了。意义-意向与其在直观中得到的充实之间的关系,可以和概念/思想与直观这一经典的关系相对照(Hua 19/522,538-539)。

除了谈论意向的空洞性和充实性之外,人们还可以谈论被意向对象的缺席和在场。(参见 Hua 19/567)。所以,当胡塞尔断言对象在知觉中是亲身在场的,以及知觉给予我们以对象自身时,他并没有违反存在-独立性原则,这个原则早先被强调为意向性的中心特

[①] 参见施特恩(Stern) 1985。
[②] 对胡塞尔关于语言的观点的更细致的分析,参见莫汉梯(Mohanty) 1964,索克洛夫斯基(Sokolowski) 1974,德里达(Derrida) 1989,科布-史蒂文斯(Cobb-Stevens) 1990,克劳森(Klausen) 1994。

征。当胡塞尔在这个语境下谈论实在的对象时,他并没有试图引入除了意向对象以外的对象,而只是谈论在特殊的被给予方式下的意向对象,即直观地在场的方式。从而,胡塞尔试图避免使用朴素的存在概念。正如康德一样,胡塞尔否认对象的存在像蓝色或者重量一样,是一种客观属性。和康德不同的是,胡塞尔并不把物自体(das Ding an sich)等同于我们经验的未知原因,而只是将其等同于充实我们意指意向的东西。简单地说,存在被现象学地解释为一种特殊的被给予方式。知觉的被给予性被等同于对象的自身-呈现(self-presentation)(Hua 19/614, 646, 666)。正如贝恩哈特·朗写道:

> 在充实关系中,两个指向同一对象的意向以下面这种方式重合,一个纯粹意指的、概念的意向,在另一个指向同一个对象的直观的意向中充实"它自身"。原来被"仅仅"意谓(mean)的,现在却成为具有直观的充实性的"它自身"。纯粹意向的对象和实在的对象之间的区分仍然保持着。但是这个区分并不是"实在的",而是涉及到"被给予方式"的。也就是说,对象在"它的被给予性之如何"(how of its givenness)这个问题上,区别于空洞的和直观地被充实的概念。而在空洞的和充实的意向性方式之间被给予的对象,却保持不变。①

谈论我的笔记本,看一张它的照片,或者在上面写字,不是和三个不同的笔记本相遇,而是在三种不同的方式下与其相遇。尽管空洞

---

① 朗(Rang) 1973, 23。参见 Hua 19/56-57。

的意指意向和直观具有相同的意向性本质，后者却加上了对象的直观的充实性（*Fülle*）。除了行为的质性和质料外，充实性也是意向性的很重要的部分。它于直观行为中在场，在意指行为中缺席（Hua 19/600, 607-608）。

第五节 明证性

胡塞尔试图在这个充实模式的基础上理解知识、辩护和真理。只要我们作出的是意指性断言，我们所处理的就是纯粹的假设。然而，只有当我们的意向被充实时，这些假设才能被证实。例如，我不记得我的笔记本的颜色，但我认为它是蓝的。我去找它，当我找到它的时候，我意识到我是对的。当我不再仅仅是认为笔记本是蓝色，而是直观到它时，我的信念被确认了。当对象正如我意向的那样被直观地给予时，我的信念得到了辩护，并且是真的，我于是就拥有了知识。更具体地说，知识能够被刻画为意向之物和被给予之物之间的认同或者综合（Hua19/539, 566），并且，真理能够被刻画为所意谓者与被给予者之间的同一（Hua 19/651-652）。但是必须强调，我们谈论的是在两个不同行为里被意向的东西之间的重合（*Deckung*）的综合，而不是意识和一个独立于心灵的对象的符合。我们谈论的不是一种经典的真理的符合论，因为我们讨论的符合，是两个意向之间的符合，而不是两个分离的本体论领域之间的符合。

在"导论"里，胡塞尔断言，无论有人类的世界是否存在，数学真理都会是有效的。但是，现在他要说的好像正相反，即真理只存在于重合的综合里，真理总是被知的真理。这个对比看似真实，然而却并非如此。确实，胡塞尔试图将真理与知识连接，但是，他并不关心事实性知识，而只关心知识的可能性问题。只要一个断言能被直观地充实，那么它就是真的，而不仅是当它实际上已经被充实的时候才是真的。

正是在这个语境下，胡塞尔引入了明证这一概念。如果我认为我的笔记本是蓝色的，并看见了它，然后在明证里意识到我的信念是真的。明证是某种伴随我的信念的无法解释的和神秘的确定性感觉吗？胡塞尔是否认为真理的标准是私人的和无误的感觉？答案是否定的。胡塞尔本人明确地批评所谓的明证的感觉，因为他认为，那只是心理学虚构（Hua 3/46, 334），并且直接导致相对主义。人们能够对几乎所有的事情都有确定的感觉，正因如此，把它们作为真理的标准甚或真理的定义的说法都是无用的（Hua 24/156, 2/59, 18/183）。相反，对胡塞尔来说，严格意义上的明证指的是充实的完美综合的理念，在其中，一个意指的存在-设定的意向（通常是一个断言）被相应的知觉充分地充实，并由此给我们提供对象的自身-被给予性。因此，当对象并不仅仅是被意向的，也是被直观地给予时（当其被意向时），它被明见地给予了（Hua 19/651, 17/166）。因此，胡塞尔的明证概念不是将主体的私人意见绝对化或者免疫化的尝试。明证并不是什么特别私人的东西。确切地说，胡塞尔的明证概念蕴涵着关于主体间有效性的主张（以后我将返回到这一点［参见边码 116 页］），正因如此，这个概念才会受到批评。此外，错误的可能性是经验性的明见的应有之义（Hua 17/130），但是这个事实并不会导致怀疑主义，也不会取消明证的作用。因为能够使一个明证失效的是另一个更强的明证（Hua 17/164）。因此，胡塞尔对这个问题的反思和当代的可误性讨论有相似性。

在《形式逻辑和先验逻辑》(1929)里,胡塞尔对两个明证概念进行了阐明性区分。一方面,"明证"这个词指被意向对象的本原的被给予性,也就是本源的和最佳的被给予性。另一方面,它指存在重合的实际综合:当一个命题和前一种明证重合的时候,它才得到了明证的辩护(Hua 17/151-152)。胡塞尔也谈及真理作为明见的相关物,因此,人们可以区分两种真理:作为揭示(disclosure)的真理,与此相对的是,作为正确性的真理。① 但是,尽管胡塞尔已经采用了一种前述谓水平的真理观——对象本身作为其自身显现就是一种(有本体论基础的)真理——真的知识不能简单地等同于纯粹的直观之在场。孤立地看来,直观在认识论上是不相关的。只有当直观起充实一个意指意向的作用时,我们才获得知识。知识适当的位置在判断那里。②

当一个意指意向被相应的直观完全充实时,这个对象就正如它被意向的那样被给予了——但这样的情况很少发生。我已经提到,物理对象是被有角度地给予的,这个事实对于它们被认知的方式有直接的含义。我们对于物理对象的知识的特征,就如胡塞尔所写的那样,是被意向者和被给予者之间重合的缺乏。我们从来都不会知觉到完整的对象,而总是从具体的角度去知觉的(不仅对三维的对象如此,对二维的平面也如此)。但是,虽然严格地说,呈现于我们面前的是对象的侧面,但我们所意向的却不是这些。相反,我们所意向的是对象本身。如胡塞尔所说:"无论我是从上还是从下,从

---

① 这个快乐的语句,参见索克洛夫斯基(Sokolowski) 2000, 158。
② 参见罗森(Rosen) 1977, 第19节。

内还是从外看这本书,我总是在看这本书。它总是同一个事物,这并不是仅仅在纯粹物理意义上说的,也是从我们的知觉本身出发"(Hua 19/677［789,译文有修改］)。我意向这把椅子,而非椅子被有角度地给予出的前面、背面、座位,或者椅子腿等等的表面。当然,我可以改变我的关注点,并意向椅子腿的表面(而非整把椅子),但即便如此,被给予我们的也仅仅是侧面。因此,我们对时空性对象的意向性指向都有这样的特征:我们总是超越被给予者而把握对象本身。尽管知觉被规定为这样的意向行为,即它以给被意向的对象一个完整的表象为目标,也就是说,让对象完全作为它自身而呈现,但对物理对象来说,这只是一个理想。对象总会有些侧面不被直观地给予。我们对这些对象的把握总是不充分的。但这并不是说,对于知觉来说并没有明证的余地。胡塞尔对不同种类的明证作出了区分:确然的(不可怀疑的)明证,充分的(完全的)明证,和不充分的(部分的)明证。正如他指出的那样,如果我们将一个领域对明证的要求转加到另一个原则上不可能实现这些明证的领域,这是不可接受的。我们对特定的数学关系的洞见(例如 3 大于 2)是完全的和不可怀疑的,然而,对物理对象的知觉却并非如此,而是尝试性的和可修改的。但是,如果将数学作为评价什么才是明证的唯一标准,则是一个严重的错误(Hua 3/321)。主张物理对象只有在以完全的方式显现时,它才被明证地给予了,就是主张只有当物理对象停止作为物理对象(有角度地)而显现时,它才能明证地显现。换言之,设立一个判定什么时候对象才被明证地、即最佳地和本源地被给予了的绝对标准,是不可能的。对不同类型的对象来说(如一个物理对象、一个数学关系等等),总有不同的本原的显现方式。

因此，正如胡塞尔坚持的那样，物理对象的有角度地被给予性不单单是反映我们知性的有限性和感觉器官的物理结构，而是说，它是根源于事物本身的。就如胡塞尔写的，即使是上帝，作为绝对知识的理念，也必须以同样的有角度的方式经验物理对象。否则，他所经验的就不是物理对象(Hua 3/351)。

让我再补充一下，我们显然没有理由认为，可以对单个的知觉呈现给我们的表示满足。尽管在这个阶段，我们已经可以谈论知识了，也就是说，只要直观地被给予的东西充实了我们的意指意向，那么我们对这个对象的知识就会随着它的侧面的直观地被给予的增加而增加。知识不是一个意指意向和一个直观之间的静态关系，而是一个动态的过程，当对象的所有侧面都被直观地给予时，这个过程达到顶点。(应该强调，我们讨论的侧面不仅仅指对象显现的表面，也指对象的所有属性的被给予性，无论它们是属于对象的内在性的属性，还是只有当它们与其他对象相互作用时才显示出来的性质，如可溶性等)。

因此，充实这一概念具有很广的范围。这里并非非此即彼的情况。要么有(绝对的)充实，要么根本什么都没有。相反，不同程度的充实都可能存在。它的范围以及其明晰性都能改变。如果我从远处看一棵枯橡树，那么我面对的当然是橡树本身，橡树是直观地在场的。但是，更理想的被给予是，我站得更近，能看清更多的细节。(Hua 19/614, 3/143-144)。同时，必须强调，胡塞尔并没有将理想的被给予性用光线或者空间性的在场来规定。当天黑的时候，才能更好地看到星星。胡塞尔所理解的最佳的被给予性是，那种带有更多的信息，并且以尽可能地多样的方式提供给我们的被给予性(Hua

11/205）。

第六节　范畴性对象和本质直观

到此为止，我的陈述暂时忽略了胡塞尔理论的一个重要方面。我只讨论了简单意向及它们的充实。然而，胡塞尔的对象概念更加宽泛（基本上，所有能被加上谓词的东西都是对象），并且根本地说，他区分了两种类型的对象：实在的（知觉的）对象和观念的（范畴性的）对象。毕竟，不仅想到梨树和帝国大厦是可能的，而且想到正义，数字3，和不矛盾律这些观念性的对象也是可能的，此外，想到诸如"这本绿色的书躺在桌上的纸下"这类事态也是可能的。简而言之，除简单的意向之外，还有奠基在这些简单意向基础上的复杂意向和范畴意向，胡塞尔不仅考虑我们对普遍者和本质者的指向性（与个体和偶然者相对），也考虑所有述谓的形式、结合和综合，诸如此类。这个从简单意向到复杂意向的步骤，是从知觉到知性的步骤。我能够看见并触摸一张椅子，并且我可以看见蓝色，但是，即使我能够领会和理解椅子的颜色确实是蓝色的，那实际上并非我能够确实看见或者触摸的，因为这是一个并不在物理空间占据位置的事态。

当我们从事于范畴性的思考时，我们就超越了感性的范围，并且，在第六研究的第48节里，胡塞尔用以下的方式来说明这个（超越）运动。原初我们只是以知觉的方式指向一个对象，例如一把椅子。在此阶段，这个对象就带着它所有的规定性——颜色、大小、形式、物质构成等等——被给予我们，但是其中并没有任何一个属性得到特别关注。然后我们开始关注椅子的某一个属性，例如颜色。最后,范畴性的分明才发挥作用,我们在这个阶段把前两个阶段联系起来。我们把对象作为一个整体,把部分作为部分,而且我们把部分作为整体的部分而意向,并且将此以判断的形式表达出来:"这把椅子是蓝色的"。这个述谓表达是一次范畴运作(categorial performance)。

　　但是现在问题出现了:范畴性的意向到底是如何被充实的?如果我们以"这本绿色的书躺在桌子上的纸下"作为一个事态的例子,意义的形式的或者范畴的元素如"是"(现在时),"在……下","在……上",等等,并没有知觉相关物。人们不能看见"是"或者"在……之上"(Hua 19/658)。换言之,能够被意向之物中的很大一部分都不能以知觉的方式被经验到,包括观念性的对象,如"正义","4 的平方根",和"万有引力定律"等。这些对象都不能被看到、闻到,或者听见。然而,根据胡塞尔,我们不仅能够意指性地意向一个事态,而且它也能够直观地被给予,并因此被理解和经验为真的。我们能够直观到那本绿色的书躺在桌上的纸下面,但是,只有依靠一种更高阶的行为,这种行为奠基在对绿色的书、纸张和桌子的知觉上,才能够意向超越这些对象的东西,即它们的关系和统一。即使对范畴性的对象来说,意指和直观两种被给予形式之间的区分,也是相关的,因此胡塞尔不得不扩大了直观的概念:我们不仅能够说感性直观,我们也能够说范畴直观(Hua 19/670-676)。就形式上说,直观就是一个将对象本身亲身带给我们的行为,而且这个行为通常要求复杂的知性运作。即使是理论论证或者概念分析,只要它能够带给我们达到了本原的被给予性的事态、本质特征或者抽象证明,也能被看作直观。直观不必然地是感性的、素朴的、或者非推理的，而仅只是非意指的。

最后，胡塞尔区分了两种范畴行为，即综合的和观念性的。前者的特征是指向基础性的对象，而后者则不是。对"书躺在桌子上"的认识就是意向一个高阶对象。但是这个综合对象包括了像"书"和"桌子"这样的奠基性元素，并且离开这些奠基性元素，我们就不能意向综合对象。相反地，观念性的或者本质性的行为，却试图通过从个体或者单个里抽象出来，而把握普遍者。在这个过程中，它们都以具体的和个别的对象为出发点——如果某人以思考家具本身为目的，他就会从考虑他正坐着的椅子开始——但是，这个对象仅仅是出发点，观念化过程并不固定于此。

概述一下：胡塞尔的经验概念比经验主义遗留给我们的要更加全面。我们不仅经验到具体的和个别的对象，也经验到抽象和普遍对象。正如胡塞尔曾经在给《不列颠百科全书》写的一篇文章里所表达出来的那样，现象学的一个任务，正是用扩展的经验概念来颠覆和替代狭隘的经验主义的经验概念，并且阐明它的所有形式，无论它们是对本质结构以及确然的明证性的直观，等等（Hua 9/300, 3/44-45）。

* * *

最后再指出胡塞尔哲学另一个我到此为止还没有重视的方面，即胡塞尔的本质主义。正如我们所看到的那样，胡塞尔断言我们能够经验到观念的或者范畴性的对象，他还认为，我们能够获得本质洞见。这个关于本质直观的可能性的主张经常被当作胡塞尔现象学的最重要的特征之一。但是，尽管比起对人类意识的事实性和经验性构成的研究,胡塞尔对意识的本质结构的洞见更加感兴趣,并且,尽管他的现象学能够部分地被看成一个阐明支配和构成意向性的必然和普遍的规律的尝试,但是,对本质结构的兴趣在哲学史上是如此的普遍和平常,以至于把它作为现象学的定义性的特征是荒谬的。

然而,胡塞尔确实发展和使用了一些有用的区分,其中之一就是形式的和质料的本体论(Hua 3/37)。形式的本体论是研究作为一个对象意味着什么的学科。这被看成一个形式的事业,因为它从所有关于内容的思考抽象出来。它对硅酸岩、橡树和竖笛之间的差异不感兴趣,也就是说,它不涉及到种类繁多的对象之间的区分,而只涉及到对任何对象都无条件地正确的东西。从而,在对质料、属性、关系、同一性、整体、部分等范畴的说明中,我们将可以发现形式的本体论的工作。与此相对,质料的(或区域的)本体论研究考察某个被给定的区域或者某类对象的本质结构,并且试图必然性地确定对这个区域内所有成员都为真的东西。例如,与心灵过程或者物理对象相比,到底是什么刻画了数学实体本身?根据胡塞尔,这三者都构成了带有其自身特征的本体论区域。物理的区域能够被细分为一些更加具体的区域,例如化学领域、生物学领域等等。

胡塞尔不仅声称存在着支配不同的本体论区域的本质结构,他还断言,我们能够获得关于这些结构的知识。但这是何以可能的?首先,胡塞尔指出,我们不仅能够意向以时间-空间位置为特征的个别对象——例如这个被我暂时当镇纸用的有四百年历史的武士刀锷;我们也能够意向物理对象作为物理对象的那些特征,即对所有物理对象都不变地有效的东西。换言之,不仅存在指向单个对象的心灵行为,也存在意向普遍和观念性的东西的心灵行为。

尽管对武士刀锷具体特征的研究，是一个对一些可能并非如此的特征的经验性的研究，但是，在将武士刀锷纯粹作为一个物理对象而研究时，情况却并非如此。根据胡塞尔，对于后者的洞见，可以通过所谓的本质变更或本质还原而达到（不能和现象学的或者先验还原相混淆，我将在第二章讨论这点）。这个变更必须被理解为一种概念分析，在那里我们尝试想象对象如何和现在不一样。最终，这个想象性的变更将会带领我们达到确定而不能再变更的属性，即不能再改变和越过的，而又不会使这个对象不再是它所是之物的那一类。这个变更最终使我们能够区分对象的偶然属性和它的本质属性，前者是可能与现在不同的属性，后者是使这个对象成为它那类对象的本质结构。根据胡塞尔，如果通过本质变更，我能够成功地建立一个视域，使对象在其中改变但又不失掉其类型的同一性，那么我就获得了一个本质洞见，即本质直观。在这种情况下，我就成功地揭示了组成其本质的不变的结构（Hua 9/72-87，EU § 87）。

当然，胡塞尔永远不会断言，只要通过一些消极的观看，我们就能够获得对每个对象的本质的绝对可靠的洞见。相反，本质变更是一个严格的概念分析过程，并且在很多情况下是可误的。此外也必须强调，胡塞尔的工作并不包括对如猫和狗之间的差别的吹毛求疵的分析。相反，他所追求的是远为根本的区分，例如，到底是什么使数学实体区别于艺术作品、物理对象和心灵行为。

胡塞尔对本质还原和变更的可能性的思考、对质料和形式本体论的区分，以及对感觉和思维的关系的思考，都是重要的哲学研究。不过，在我看来，它们都属于胡塞尔哲学所继承的更加传统的遗产，并不能被当作他的现象学的真正与众不同的特征。

第七节　现象学和形而上学

为了理解在《逻辑研究》中发展出来的现象学概念,以及理解胡塞尔之后向先验哲学的转向,那么,不这样误解胡塞尔对意向性的分析将是重要的,即断言他对意向性的分析(就如偶尔发生的那样)将意向对象和实在对象等同起来,并且这个等同能够被用来支持一种形而上学实在论。正如我已经表明的,胡塞尔的观点仅仅是意向对象就是意向的真实对象。更重要的是:当我们把一个对象称为实在时,这个刻画并不带有形而上学的含义,它也不意味着对象可以独立于心灵而存在。它仅仅被当作一个描述性的刻画:这个对象在其亲身在场中被直观地给予。

在我陈述的开始,我提到,胡塞尔认为,关于外部实在存在的问题是一个和现象学没有关系的形而上学问题。既然在整个文本中,胡塞尔反复强调形而上学的和现象学的努力之间的区分,那么刻画出胡塞尔在《逻辑研究》中的立场,就并不困难。他的立场是形而上学地中立的。更具体地说,胡塞尔早期现象学并不承诺形而上学实在论或者形而上学唯心论。①(然而,这个中立性并没有使胡塞尔停止批判特定的形而上学立场,例如主观唯心论——它宣称意向对象是意识的一部分,以及自然主义——它宣称包括意向性本身在内的所有存在物,都必须用被自然科学所承认的原则和方法来解释)。

---

① 进一步的论证,见扎哈维(Zahavi) 2002b。

第一章 早期胡塞尔：逻辑、认识论和意向性

胡塞尔反复宣称，真实的和错误的知觉对于现象学来说是无关紧要的，而形而上学中立性就隐藏在这个主张之后。就连胡塞尔也说，意向对象的存在对现象学来说是无关的，因为无论对象存在与否，行为的内在本性都应该是保持一致的（Hua 19/59, 360, 387, 396）——不过，他使用了一个后来被严重误解的表述，我以后将回过来讨论这点（参见边码第61页）。因此，根据胡塞尔在《逻辑研究》中的立场，对蓝色的书的知觉和对它的幻觉之间，就没有现象学上的区别。在两个情况里，我们都在处理一个在直观性的被给予模式下被呈现的对象。至于这个对象是否客观存在，那就是一个在方法论上要被悬置的问题了。

只要胡塞尔不作关于意向对象是否有任何独立于心灵的实在性的判断，并且只要他似乎认为现象学无法回答这个问题，那么他原来的现象学概念肯定要被看作很狭窄的概念。问题是他的限制是否合法，或者这个限制是否会威胁到现象学，并使现象学化约为某种描述心理学。① 基本上，我们可以用三种方式来评价胡塞尔的

---

① 胡塞尔在《逻辑研究》第一版里对现象学工程的说明有一些不幸的含混性。胡塞尔表面上将现象学与对心灵行为的内在（实在）内容的分析等同起来，并且断言需要将理论兴趣从对象转到行为（Hua 19/14, 28）。这个方法论的限制在这部著作的后面的部分里还得到不断的强调。例如，在第三和第五研究里，胡塞尔作出了下面这个区分，一方面是内在和现象学的内容，另一方面是意向性内容（Hua 19/237, 411），并以此强调在对行为的描述中轻视意向对象的重要性，因对象是超越行为的（Hua 19/16, 427）。然而，这个说明和胡塞尔对意向性实际作出的分析是不相容的，在其中意向行为的特征被刻画为对与其自身不同的东西的指向性。因此，即使根据《逻辑研究》里的说明，在研究行为的时候，严格地不考虑其意向对象是不可能的。直到《逻辑研究》第二版的时候，胡塞尔意识到了这些问题，并更正了这些错误（参见Hua18/13-14）。后来，海德格尔评论说："当他给这些研究写导论的时候，胡塞尔并不仅仅是在概述他实际上已经在书本里陈述的东西"（海德格尔［Heidegger］1979, 31［25］）。胡塞尔的分析的实际（转下页）

形而上学中立性：

- 我们可以说，对形而上学和形而上学问题的拒斥是一个解放性的步骤，因为这些传统的问题都是纠缠了哲学家非常之久的伪问题。
- 我们可以声称，现象学承认自己仅仅是一个描述性的事业，而非对所有问题的普遍的回答。换言之，现象学和形而上学之间是有区分的，并且，尽管前者可能为后者铺平道路，现象学本身却并不包括可以处理形而上学问题的资源，并且因此，必须对其所不能言说的保持沉默。
- 前两种反应出于不同的原因而赞许胡塞尔的形而上学中立性，与此相反，第三种选择却对此表示遗憾。它承认形而上学问题是真实的问题，并且它也认为现象学在这个领域应该作出重要贡献，因此它对胡塞尔的现象学中立性表示不满，认为它只是自我强加的和不必要的紧身衣。

尽管我更喜欢第三个选择，但是我对这三种反应都可以理解。（实际上我认为它们不像初看起来的那么不相容。因此，我们很能够说，存在着很多不同的形而上学问题，并且对有些问题来说第一种反应是对的，而有些则适合第二种或第三种——也就是说，存在着现象学可以明智地抛弃的伪形而上学问题，也存在着它所不能达到的形而上学问题，以及现象学所能处理的形而上学问题）。

（接上页）内容和他本人的自我解释之间的不符不仅在《逻辑研究》中是反复出现的问题，对其他后来的著作也如此。

在第二章中我将再次讨论这个问题,并主张胡塞尔的先验哲学转向必须被看成他克服《逻辑研究》中某些含混性的尝试。这个解释被这样一个事实支持,即胡塞尔很快就对他的描述现象学的缺点表示不满。① 正如他在《逻辑和认识论导论》(1906-1907)这一讲演里指出的那样,如果一个人想理解行为、意义和被意向的对象之间的关系,那么就必须离开描述性的现象学并选择先验现象学(Hua 24/425-427)。②

我已经提到,胡塞尔认为意向性意味着构成性的运作。意识到某物不仅仅是被对象影响,相反,对象之所以对于我们来说是对象,是因为我们自己的意义-给予的作用。就如胡塞尔所评论的那样,正是我们的解释使对象成为我们的对象(Hua 19/397)。他也将范畴性对象刻画为在意向行为中(或对它来说)显现其所是的对象(Hua 19/675)。这个刻画在1907年的演讲里重复了很多次,在那里胡塞尔也写道,对象在意向行为里显现(被构成),只有在那里,它们才能作为它们所是者而呈现(Hua 2/72)。

然而,胡塞尔没有能够将这个现象的地位作为主题,并且没有去阐明现相和实在的关系,因此他的构成概念的形而上学含义仍处于晦暗当中,并且使确定胡塞尔早期的构成概念是意味着产生对象,还是对对象的认知的再生产,成为不可能。因此,当关系到早期胡塞尔时,我们有原因接受罗伯特·索克洛夫斯基下面的陈述:

---

① 胡塞尔(Husserl) 1939, 110, 117。
② 这个转向在《逻辑研究》里就已经开始了(参见 Hua 24/425, 2/90-91,以及扎哈维[Zahavi] 1992a)。

如果主体性构成意义和对象时"创造"它们，那么，它们的内容就可以用主体性来解释。但是并非这样；内容仅仅是作为事实性被给予的，而不是本质上可以从主体性和其运作那里演绎出来的东西。因此，主体性并不导致或者创造意义和对象。主体性仅仅是使它们发生。主体性是它们的条件，而非它们的原因；从而，胡塞尔的构成理论不能被以一种过于唯心主义的方式来解释。①

以此为背景，下面这点将是明显的，即人们不能将胡塞尔的先验哲学转向描述为一个由形而上学实在论向形而上学唯心论的致命的转向。首先，胡塞尔在《逻辑研究》中并非一个形而上学实在论者，而是将现象学理解为形而上学中立的描述性事业。第二，胡塞尔对他的观点的抛弃不能被称为致命的，因为这个观点有很多缺点和含混，现象的地位根本没有被分析过。第三，胡塞尔自己的先验唯心论不是传统的唯心论，而是正如我们将要看到的那样（参见边码第72页），它能够被解释为对形而上学实在论和形而上学唯心论的颠覆的尝试。②

---

① 索克洛夫斯基（Sokolowski）1970, 159。
② 更多对《逻辑研究》的深入的分析，见索克洛夫斯基（Sokolowski）1967-1968, 1970, 1971；德布尔（De Boer）1978；扎哈维（Zahavi）1992a；伯努瓦（Benoist）1997；扎哈维和谢恩费尔特（Zahavi and Stjernfelt）2002c。对胡塞尔真理概念的细致的研究，见图根特哈特（Tugendhat）1970；罗森（Rosen）1977。对胡塞尔意义理论的更加明晰的讨论，见莫汉梯（Mohanty）1964, 1977；贝奈特（Bernet）1979；科布-史蒂文斯（Cobb-Stevens）1990。对胡塞尔意向性理论的细节，见莫汉梯（Mohanty）1972；索克洛夫斯基（Sokolowski）1974；史密斯和麦金太尔（Smith and McIntyre）1982；德鲁蒙德（Drummond）1990。

第二章　胡塞尔的先验哲学转向：悬搁、还原和先验唯心论

目前为止，我已经提供了许多核心的胡塞尔式的分析和区分。这些对意向性、明证性以及真理的开创性研究始终作为中心内容贯穿胡塞尔的一生，尽管他一直在不断地探寻着去改进、提炼并深化它们。然而，正如我在第一部分的末尾处所指出的，在《逻辑研究》中，恰是胡塞尔的现象学概念以及他（反）形而上学的立场表现出许多不幸的局限性和含糊性。胡塞尔意识到了纯粹描述性现象学的不充分性，相应地，他在《纯粹现象学和现象学哲学的观念I》(1913)[①] 中转向了先验的现象学。以下的任务就是对上述变化进行说明。

显然，胡塞尔在 1913 年以后并没有停止对其分析的发展。的确，在某种程度上，胡塞尔后期的著作可以看作是一系列建立在相同的基本主题之上的沉思。这意味着，即使是一个对胡塞尔的先验哲学立场介绍性的考察，也不能将自己仅仅局限于《观念I》，尤其是因为，胡塞尔在这部著作中的立场隶属于他所有著作中受到最多

[①] 胡塞尔首次提及还原（reduction）是在 1905 年夏天的手稿中（即所谓的 *Seefelder Blättern*）。参见 Hua 10/253。

批判的部分——不仅是被后来的现象学家（马丁·海德格尔，梅洛-庞蒂，保罗·利科），也包括胡塞尔本人。假如我对所有的变化作出说明，就会超出这个陈述的范围，因此下面我会集中关注胡塞尔在《观念I》中的陈述，以及他在自己的最后一本书《欧洲科学的危机和先验现象学》(1936)中的解释。

第一节 无前提性

《逻辑研究》与胡塞尔后期著作的一个显著区别是，其对现象学的基础作用日益增长的信念。现象学被表述为一个全新的、具有批判性的严格的科学。胡塞尔认为，它的任务包括对实证（客观的，教条的）科学所预设的所有最基本的主张和假设的揭示和考察。然而，胡塞尔对现象学的科学本性的强调并非是企图模糊哲学与实证科学之间的不同，而仅仅是对其信念的一种表达，即现象学致力于一种完全确证了的知识的理想，实证科学由于在其排它性地想要获得越来越多结果的倾向中，未能达成对其自身的认识论和形而上学预设的反思，而未能实现这一理想。①

现象学的任务是，将关于存在和实在的本性的哲学核心问题主题化并阐述清楚。然而，胡塞尔认为，如果单纯去预设并接受那些刻画我们日常生活的认识论和形而上学的设定，而这些设定是暗含地并且毫无疑问地被所有实证科学所接受，那么是不可能按照必要

---

① 然而，胡塞尔确实承认，这些不足也是促使科学尽可能快速发展的部分原因，而他的批判最初的用意不是一种修正科学自身的尝试，而是更便于对哲学，尤其对自己的任务作出论证。一些相似的考虑，见海德格尔(Heidegger) 1989, §9。

的彻底性完成这种研究的。

　　胡塞尔指的是哪类的形而上学设定呢？最基本的一种是我们对独立于心灵、经验和理论的实在之存在的暗含信念。这种实在论的设定是如此基础而又根深蒂固，以至于它不仅被实证科学所接受，甚至遍及我们日常的前理论生活。为此，胡塞尔称其为自然态度。不管这个设定看起来多么明显和自然，胡塞尔坚持认为，将其有效性视为理所当然在哲学上是不可接受的。正相反，它必须接受彻底的考察。我们的研究应该是批判的和非教条的，并避免那些形而上学和科学的偏见。根据我们已有的理论承诺，它应该被实际给予的东西所指导，而不是被我们期望找到的东西所指导。但一个明显的问题在于，要避免对结果的预先偏见，研究要如何进行。胡塞尔的回答看似简单：我们应该将研究的注意力转向实在的被给予性或现相，也就是说，应该集中关注实在在经验中被给予我们的方式。换言之，我们不应该让预想的理论来塑造经验，而应该由经验来决定理论。这样，在《观念Ⅰ》的第24节，胡塞尔用以下的方式描述了现象学诸原则之原则。我们应该让原初给予的直观作为全部知识的来源，这个来源不容许任何权威（甚至现代科学）的质疑。[①]

　　然而，要转向被给予者，做起来远比说起来要困难。这要求很多方法论准备。为了避免预设常识性的天真性（也包括许多不同的关于实在的形而上学地位的思辨假设），有必要悬置我们对自然态度的接受。我们保留这种态度（以便能够研究它），但要给它的有效

[①] 胡塞尔提出这个问题的方式在当代仍具有相关性：当自然科学说话时，我们愿意去学习。但当自然科学家讲话时自然科学不总是跟着讲话，尤其是当那些自然科学家谈论"自然哲学"和"自然化的认识论"的时候（Hua 3/45）。

性加上括号。这一过程所要求的对我们自然的实在论倾向的悬置,被叫做悬搁。

正确理解悬搁的目的是非常重要的。我们不是为了去否认、怀疑、忽视、抛弃或排除实在而进行悬搁,而仅仅是悬置或中性化某种对实在的教条的态度,也即是,为了能够更加专门而直接地集中于现象学的被给予者——对象作为他们所显现出来那样。简而言之,悬搁导致了对实在的一种态度的转变,而非对实在的排除。只有通过这样一个悬置,实在的真实意义才得以显露(Hua 8/457, 3/120, 8/465)。正如胡塞尔将要不断强调的,在这样的语境中来讲实在的意义(sense)并不意味着实在的存在(being),也即真实存在的世界,被排除在现象学研究领域之外:

> 实在的现实性并没有被"再解释",更何况被否认;而是,对实在的现实的悖谬的解释,即和现象学自身被洞见所阐明的实在的现实性本身的意义相矛盾的解释,被去除了(Hua 3/120)。

> 特别必须首先指出的是,通过这种悬搁,一种新的经验、思考以及理论化的方式向哲学家敞开了;这里,置于他自身的自然存在和自然世界之上,他丝毫没有丢失它们的存在和它们的客观真理……(Hua 6/154-155 [152])。

首先,最好避免谈及现象学的"剩余物"以及"排除世界"。这样的语言很容易使我们误以为,从现在开始,世界将不再是现象学的主题;而只剩下与世界相关的"主观的"行为、现相的方式等等。在某种程度上,这确实是正确的。但是,当普遍的主体性被确立于合法的有效性之上时——在其完全的普遍性中,当然,作为先验的而被确立——则在其相关物的一端,其中所包含的便是世界自身与真理中的所有事物一同的合法性的存在:这样,一个普遍先验的研究便包括世界自身及其所有的真实存在(Hua 8/432)。

"这个"世界并没有在悬搁中消失——悬搁完全不是对这个世界以及关于它的任何判断的放弃,而是一种方式,它是一种揭示关于相关性的判断的方式,是一种揭示将所有意义的整体都还原到我自己,以及具有其所有能力的、意义拥有的和意义给予的主体性的方式(Hua 15/366)。

由此而论,胡塞尔还提到了先验还原,尽管悬搁和还原紧密联系并组成一个功能性整体,胡塞尔仍偶尔把悬搁作为还原的可能性条件而谈论(Hua 6/154)。从而,区分这二者是有必要的:悬搁是一个表示对一种朴素的形而上学态度的突然悬置的术语,因此它可以被比作进入哲学的大门(Hua 6/260)。与之相对,还原是一个表示我们对主体和世界之间的相关性进行主题化的术语。这是一个引领我们从自然领域回到[还原到(*re-ducere*)]其先验基础的漫长而困难的分析过程(Hua 1/61)。悬搁和还原因此都可以被看作先验反思的元素,其目的是为了将我们从一种自然(主义)的教条中解放出来,并使我们意识到我们自身构成性的(即认知的、赋予意义的)作用。

进行悬搁和还原不是像时常所断言的那样,是为了集中于心灵内容及表象而放弃对实在世界的研究(参见下述边码第56页)。悬搁和还原并不涉及向内在性的排外转向,也不意味着任何损失。恰恰相反,这种态度的最基本的转变,使一个决定性的发现成为可能,并因此应被理解为对我们研究领域的扩展(Hua 6/154, 1/66)。胡塞尔本人把进行悬搁比作从一个二维到三维的生活转变(Hua 6/120)。突然之间,这个恒久运作着、迄今为止仍隐藏着的先验主体性,被作为展现之可能性的主观条件而揭示出来。

第二节 笛卡尔式的方法和本体论的方法

47　　但对我们自然态度的悬置为什么要将我们引向先验主体性呢?在他的写作过程中,胡塞尔试图用不同的方式为这一运作进行辩护。或者,像惯常所说的那样,在他写作的过程中,胡塞尔引入了几种不同的方法进行先验还原:笛卡尔式的方法、心理学的方法以及本体论的方法。[1] 以下我将集中阐述胡塞尔在《观念I》中提出的第一种方法和在《危机》中提出的最后一种方法。

在《观念I》中,胡塞尔指出,空间-时间性对象被给予意识的方式和意识被给予其自身的方式有一个显著的区别。对象是有角度地显现的——从不以整体被给予,而总是以某个有限的侧面被给予——而意识的自身显现却并非如此。对象是有角度地、部分地、不充分地被给予,并且,为了得到整个对象的近似的呈现,有必要贯穿所有这一系列的侧面,但是,经验自身却以整体直接显现。对

---

[1]　参见耿宁(Kern) 1962。

第二章 胡塞尔的先验哲学转向：悬搁、还原和先验唯心论

胡塞尔来说，主体性的现相与对象的现相之间的深刻差异证明了一点，即从现象学的角度来讲，主体性与任何对象之间都有着决定性的差异。意识的自然主义研究方式仅把意识作为世界中的另一个对象，因此胡塞尔提出我们有必要以另一种方式对其进行补充，即要从第一人称视角，寻求一种根据意识自身来研究它的方式。换言之，通过区分这两种不同的现相方式，胡塞尔基本上是要求注意对第一人称与第三人称现象间的差别。

这个关于主体性与对象之间差别的主张现在被一个关于主体性的优先性的主张所补充。与《逻辑研究》中已经出现的情形一样，胡塞尔的兴趣并不在于事实性与经验性的主体性，而在于从任何偶然的背景中被纯化和解放出来的本质的结构。受笛卡尔方法论怀疑的启发，胡塞尔提出，想象一个无世界主体的存在是可能的，而想象一个无主体世界的存在却是不可能的。正如他在《观念 I》中褒贬不一的第 49 段中曾明确表述的，一个对意识与世界之间的意向性关系的无偏见的研究必将导致这样的结果，即哪怕（想象出的）世界毁灭，意识也会不受伤害。虽然客观世界（这个被理解为我们意向相关项的融贯而理性的组织）必然要预设一个意向性主体，但反过来却并非如此。① 尽管世界只能向主体显现，主体却并不需要世界才能存在。这个世界，更一般来说，每一类型的超越，只要它

---

① 很重要并需要强调的一点是，胡塞尔并没有就此否认意识的意向性。想象一个无世界的主体是一回事，而想象一个没有意向性经验的主体是另一回事。如果不严格地彻底改变主体性概念，我们是无法想象后者的。但胡塞尔会说，想象一个仅有不连贯的经验、因此缺乏一个客观世界的意向性主体的存在还是可能的（参见图根特哈特［Tugendhat］1970, 263）。

显现的条件在它自身之外，即在主体之中，那这个世界就是相对的。而相反，主体，即内在性，是绝对和自主的，因为其出现只依靠其自身。

但这个思想实验的目的是什么呢？胡塞尔试图解释为什么进行悬搁以及对现象学被给予的主题化会导致对先验主体性的发现。通过引起对主体性独特的被给予性和自主性的注意，胡塞尔提出，我们面对的是主体的这样一个维度或方面，它原则上躲避一种自然主义和经验性的研究。如果可能想象一个无世界的主体，那么始终将意识理解为仅仅是世界上的一个对象的自然主义的看法是不够的。通过受笛卡尔启发的思想实验，我们对意识的自然主义的理解被克服了，而意识被揭示为存在与经验的一个独立的区域（Hua 3/105）。

正如已经提及的，先验主体是一个被看作是现相、现象性、展现的条件的主体。但先验的与经验的（世间或世界性的）主体之间有什么关系呢？正如胡塞尔本人所指出的，意识怎样才能作为一个绝对的东西，构成包括整个心理-物理世界在内的所有超越，同时又作为世界的一个实在的部分而显现，这是一个很大的谜（Hua 3/116）。以后我还将回到这个问题，但现在已然应该强调的是，胡塞尔（在很大程度上，与康德及德国唯心主义相反）并不将先验主体理解为一个抽象的、观念的、一般的或者超越个人的主体。正好相反，先验主体，或者更确切地说，我的先验主体性是我的具体的和个人的主体性。但如果先验的自我与经验的自我之间不是普遍的主体与具体的主体之间的关系，又应该怎样理解它们的关系呢？一个相对清晰的表述可以在胡塞尔在《不列颠百科全书》的文章中找到：

我的先验自我与自然的自我显然"不同",但它决不是第二个自我,即作为一个与其相分离(自然意义上的分离)的自我,正如相反的那样,先验自我也决不与其相联系和纠缠,在这些词汇的通常意义上。只有先验的自我经验领域(在其完全的具体性中考虑),才能在任何情况下,通过纯粹的态度的变换,被转变为心理学的自我经验。这种转变必然导致我的同一性的产生;对这个转变进行先验反思时,心理学的客体化作为先验自我的自我客体化成为可见的,并且,好像在自然态度中的每一刻,这个我都会找到一个加于自身之上的统觉(Hua 9/294)。

先验主体与经验主体不是两个不同的主体之间的关系,而是两种不同的自身理解——一种第一性的和一种第二性的——之间的关系。[①] 先验主体是在它的原初的构成性作用中的主体。经验的主体是同一个主体,但现在被把握和解释为世界中的一个对象,也即一个被构成的和被世间化了的实体。

在这个语境中,胡塞尔让我们注意到一个事实,即主体性可以以两种截然不同的方式主题化,也就是,一方面靠自然的或心理学的反思,而另一方面靠纯粹的或先验的反思(Hua 7/262, 1/72)。当我进行心理学的反思时,我把这种反思行为理解为一种心智过程,亦即发生在存在于这个世界中的心理-物理实体之上的过程。这类自身意识——有时被胡塞尔叫做世间的自身意识——就像那些对物理对象的经验一样,是世界性的经验,而且,如果有人问,它是否能

[①] 对这个主题的一个近期的探讨,参见卡尔(Carr)1999。

够给我们提供对主体性的充分理解,那么答案是否定的。自然的反思呈现给我们一个被构成的、被客观化和自然化的主体,但它却不能让我们通达主体性之构成性的和先验的维度(Hua 17/290, 8/71, 7/269, 6/255, 264)。正是在此,胡塞尔引入了纯粹的或者先验的反思,其任务就是主体性主题化,这一主体性去掉了一切偶然的和超越的关系和解释(Hua 3/117, 7/267)。然而,胡塞尔却清楚地说,这类反思不是直接可得的,因此,问题在于什么样的方法或过程可以使我们得到它?答案显然是:通过悬搁。因为正如胡塞尔反复强调的(伴随着对内省主义的猛烈攻击),除非首先由悬搁扫清道路,否则无论多么透彻地或者认真和专心地去反思,我们都会面对客观化和世间化了的经验(Hua 8/79, 3/107)。与可以直接进入各自不同研究领域的实证科学相反,现象学应去研究的领域却无法直接通达。在开始任何具体的研究之前,有必要采取某种方法论的反思来摆脱自然态度。只有通过一个对所有这些超越的前概念的方法上的悬置,通过彻底转向那些在严格意义上以第一人称视角被给予的东西,先验分析才能够开始(Hua 3/136, 8/427)。

笛卡尔式的还原方法的一个优势就是其清晰性。胡塞尔对不同方式的被给予性的描述都很容易理解。但这种方法仍面临很多问题,其中首要的即它非常容易引起对现象学的正当目的及其主题的严重误解。通过集中于主体性的直接的自身被给予性,并对这个被给予性与对象的被给予性的差别予以强调,很容易使人相信,现象学的任务就是在与世界和主体间性的孤立和分离中研究纯粹的主体性。

某种程度上,这种曲解正是胡塞尔在他所谓的本体论的还原方法中要努力去处理和克服的(Hua 6/158,6/175)。本体论的方法并没有以主体的直接的自身被给予性为出发点,而是从对一个特殊的本体论区域(比如说,观念对象或者物理对象的区域)的被给予性的分析开始。这一区域是作为显现着的而被研究的,由此便产生了关于显现的可能性条件的问题。这个本体论的描述为随后的先验分析起到引导作用。如果我们把自己限定在那些显示其自身的东西上(无论是在直接的知觉还是科学实验中),并且把注意更加具体地集中于我们在日常生活中(由于过于熟识)倾向于忽略的东西,也就是现相,我们会不可避免地被引向主体性。只要我们面对对象的现相,也就是说,一个作为被呈现、被感知、被判断或者被评价的对象,我们就会被引向与这些现相的模式相关的经验结构和意向性。我们被引向呈现、知觉、判断和评价等行为,并由此被引向主体(或其复数形式),而作为显现着的对象,它必须在与主体的相关中被理解。通过现象学的态度,我们意识到对象的被给予性。但我们不单就集中于被给予的对象,也关注意识的主观方面,并由此意识到我们主观的成就以及为了使对象如其所显现的那样显现而起作用的意向性。当我们对显现着的对象进行研究时,也同时将我们自身作为展现的与格(datives),作为对象向其显现者而揭示出来。悬搁并没有使我们的注意离开世界性的对象,而是允许我们以新的角度来考察它们,即在其作为被构成的相关项而对意识的显现或展现中考察它们。

首先便是直接被给予的生活世界,它被看作是在知觉上被给予的:作为"正常的"、简单地就在那里的、完整的以及具有纯粹存在确定性地(毫无疑问地)存在的。当新的兴趣方向被建立,并因此在严格地悬搁中,生活世界成了第一个意向性标题,一个回溯到对显现方式的多样性和其意向性结构进行探究的索引或方针。在反思的第二个阶段,方向的进一步转换,导向了自我一极和其同一性的特殊之处(Hua 6/175 [172, 译文作过修改])。

换言之,达到对世界的哲学性理解的尝试间接地导致了对主体性的揭示,因为以现象学视角审视这个世界必然要通过为主体的世界的现相。然而,我们由此遇到的主体性不再是经验的主体——被诸如心理学、历史学或者神经生理学等实证科学所研究的主体。经验的主体是世界中的一个对象,与其他所有在世界中显现的对象一样,它预设了一个主体,并向该主体显现自己。然而,我们所揭示的是先验主体性,这个主体性是现相本身的可能性条件。只要我们沉浸于前哲学的自然态度,在对象的包围中生活在自身遗忘里,这个主体性就仍然是隐藏的,不过悬搁和还原却能够将其揭示出来。

虽然胡塞尔的笛卡尔式的还原方法似乎强调作为分离和不同的存在区域(作为思维实体)的主体的地位,并由此为广泛误解提供了弹药,这种误解认为,现象学的任务就是去探究这个自主、孤立和无世界的主体,但他的本体论的还原方法明确指出,对主体性的研究是与对这个世界的哲学性的阐明相联系且不可分割的(Hua 4/107, 6/175)。[①]

正如时常所说的,只要意识是世界所显现于其中的场域或者维

[①] 参见耿宁(Kern) 1962 和德鲁蒙特(Drummond) 1975。

第二章　胡塞尔的先验哲学转向：悬搁、还原和先验唯心论

度，那么现象学也就只对它感兴趣。[①] 在这个说明里值得强调的是，虽然先验主体性不是这个世界的一部分，但也不是无世界的。毕竟，作为意向性的主体，如果没有对世界的指称，它就无法被描述；它不能被描述为与世界无关的；如遗世独立，它一无所是。

通过悬搁，即对现象（显现的对象）恰如其分的关注，我们获得了对主体性的运作的理解。世界不单单存在着。世界还显现出来，而显现的结构是以主体性为条件，并因它而可能的。正是在这样的语境中，胡塞尔才会认为，谈论存在一个绝对独立于心灵的世界，即与任何经验性或概念性的视角相分离而存在的世界，是荒谬的。对胡塞尔来说，这个观念简直就是矛盾的。这听起来可能非常唯心（参见下述边码第 69 页），但是这个所有现象学家都持有的中心论题，也可以被否定性地表述出来。它基本上是对实在主义的和自然主义的客观主义的拒斥（它们主张，不用将主体性考虑在内就可以理解意义、真理和实在的本性）。

考虑到我们已经说的，现在阐明胡塞尔向先验哲学的转向要相对容易些了。正如我在第一节所提及的，胡塞尔认为我们需要回到事情本身，也就是说，把我们的理论建立在显示自身并实际上显现出来的东西之上，而不是去应付那些空洞的闲谈。但正如我们已经看到的，对一个作为显现着的对象的哲学分析必然要考虑到主体性。如果我们希望真正地了解物理对象是什么，我们最终不得不转

[①] 细心的读者会发现，在胡塞尔的本体论的还原方式和《逻辑研究》中现象学被提出的方式之间有着有趣的相似之处。虽然有一种倾向将笛卡尔式的方法看作是胡塞尔早期的方法，而将本体论的方法看作后期的，但这仍仅仅是一个简化了的说法。最终我们所面对的是两种出现在胡塞尔一系列著作中的相互交叉的不同的方式。

向经验这些对象的主体性，因为只有在主体性中，它们才会按其所是而显示自身。如果我们希望理解实在，我们最后必须回到它在其中被给予的意识行为。简而言之，主体性是显现或展现的可能性条件。没有主体性就没有现相。然而，这一声明能够以两种截然不同的方式来解释。要么断言，现相与实在之间存在根本的鸿沟——对象最终只是其所是，与其怎样显现或是否显现完全无关；要么断言，尽管现相与实在之间的区分仍能保留（毕竟有些现相还是有欺骗性的），但这个区分实际上只是内在于现象性的世界的区分，即内在于现相世界的区分，这最终只是对象在随意的观察中如何显现，与在最佳情况下即在复杂的科学研究中，对象如何显现的区分。不应该在现相背后寻找对象的实在性，就好像现相将其藏匿了起来一样；确切地说，实在于最佳的现相中揭示自身。如果选择最后一种解释，我们将面对一个先验哲学的立场：主体性（以及我们最终将看到的，主体间性）是实在的可能性条件。没有主体性就不可能有实在。《逻辑研究》中的问题在于胡塞尔未能在这两种解释之间作出选择。不过，他后来断言，只有后一种解释才具有现象学的可靠性，而第一种解释与对实在和现象的非批判和朴素的区分联系在一起。

第三节 一些误解

正如已经指出的，胡塞尔对悬搁和还原的说明并不总是清楚透彻的。因此，毫不奇怪，它会引起许多关于现象学的确切目标与主题的误解，这些误解至今仍牢牢地植根于哲学文献的。

举例来说，莱斯利·史蒂文森在其对不同哲学传统的一个通俗的导论中，断言现象学是一种晦涩的哲学方法，它不对"现象"实际上是如何的作任何臆测，而只通过将"现象"作为看起来的那样去进行描述，并从而试图确定一个无疑的基础。最后，他认为，胡塞尔最终将哲学等同于人类意识的研究，由此对其进行了半心理学的歪曲。[①]

提及史蒂文森奇怪解读的一个主要原因是他可以将许多经典和广泛的误解在几句话中表述出来：

I

与客观或者实证科学相反，现象学对对象的物质本性，即重量、稀有性和化学构成并没有特殊的兴趣，而对它们显示自身的方式，即它们被给予性的模式感兴趣。而且正如我们在第一章中看到的，胡塞尔开创性著作中一个重要的部分，一直在刻画各种不同类型的现象。一个物理事物，如一个器具、一件艺术品、一段旋律、一个事态、一个数字、一只动物、一个社会关系等等，它们展现自身的方式之间有着本质区分。此外，同一个对象也可能以不同的方式显现，从这样和那样的角度，在强光或弱光下，作为被感知的、被想象的、被希望的、被害怕的、被预期的，或被回忆的、被证明的、被描述的或被传达的。胡塞尔特有的兴趣恰是对那些对象如其所被给予的那样进行研究，而非忽视这些对象的具体的现相，把它们看作非本质的、纯粹主观的和不值得进一步审视的。然而，现象学的工作并没有到此为止。先验现象学的明确而独特的问题是：现相本身的可能性条件是什么？

---

① 史蒂文森（Stevenson）1974, 79。

只要现象学努力揭示的是现相的可能性条件，那么显然，不能将现象学反思等同于心理学的内省，也不能断言现象学整体可以被心理学所威胁、替换、或者批判。为什么先验反思不是内省的一种形式？因为内省通常被理解为使我们能够对自己当前的精神状态作出报告的心灵运作。一个如"我目前正想到一个红色的气球"的命题通常被认为是以内省为基础的。而现象学所关注的决不是这种类型的命题，更一般地说，现象学对确认一个被给予的个体目前可能正思考的事情没有任何兴趣。现象学的研究领域并不关注私人的想法，而只关注主体间可通达的现相的样式。当然，这个研究也要求探究主体性，即在其与世界的构成性关联中的先验主体性，但不同于私人的内省，这个探究被认为具有主体间的有效性，因此对任何（受现象学训练的）主体来说都是可更正的。

在日常语言中时常会在与现象-本质（phenomenon-essence）或者现相-实在（appearance-reality）的对照中用到现象（phenomenon）和现相（appearance）这两个术语。现象是对象的直接被给予，是它表面上看起来的样子。然而，如果希望发现对象实在地是怎样的，就必须要超越那仅仅是现象的东西。在大部分哲学传统中，人们所找到的是这个版本的现象的概念。现象是我们用眼睛看到的（被我们用范畴来思考的）对象向我们显现的方式，但却不是对象本身。如果现象学采用的是这种现象的概念，那它就不过是一门仅仅是主观的、表面的以及浅薄的科学。而它显然不是这样的。相反，胡塞尔使用的现象概念可以被追溯到古代。① 现象被理解为事物自身的

---

① 关于一个现象的现象学概念的简明讨论，参见海德格尔的《存在与时间》（*Sein und Zeit*）§7。

展现,因此现象学也就是关于对象显示自身的方式——对象如何显现或展现自身——和对这个现相的可能性条件的哲学反思。

可能会有人断言胡塞尔混淆了陈词滥调和伟大的哲学发现。当胡塞尔断言作为我们所经验的世界——即那个作为我们所理解、描述和概念化的世界——只有主体存在时才能存在,对其可能的回应是,我们所设想的世界确实依靠我们而存在,但这实在是无可争辩。然而,这种回应忽视了胡塞尔对两个世界理论的反驳。根据胡塞尔的说法,这个向我们显现的世界无论是在知觉中、在日常关注中、还是在科学分析中,都是唯一的实在世界。认为除此以外,在现象世界背后还存在一个超越所有现相和所有经验的和概念的明证性的隐藏世界,认为这个世界才是真正实在的,这种看法对于胡塞尔来说不仅是一个完全缺乏现象学可信性的空洞思辨的假定。最终,他甚至认为这样的论证建立在一个范畴错误之上。①

现象学不是关于纯粹地显现着的东西的理论,或者换一个说法,现相不仅仅是现相显现。因为事物如何显现是它们真实存在的必须部分。如果我们想要掌握对象真正的本性,我们最好密切注意,无论是在感性知觉中还是在科学分析中,它是如何展现和揭示自身的。对象的实在没有隐藏在现象的背后,而是在现象中展开。正如海德格尔所说,认为现象阻碍了我们去认识它所表象的更为根本的东西,这在现象学上来说是荒谬的。②再重复一遍:尽管现相与实在之间的区分可以保留,但根据胡塞尔,这不是对两个相分离

---

① 参见我在第三章中对海德格尔的生活世界概念的说明。
② 海德格尔(Heidegger) 1979, 118。

的领域的区分,而是内在于现相领域的区分。它是对对象初看起来如何显现与在最佳的情势中如何显现之间的区分。

根据这些考虑,认为胡塞尔在完成悬搁之后就不再对实在感兴趣,而只关心对意义和心灵表象的分析,就似乎是有问题的。然而,德莱福斯正是这样想的,他认为胡塞尔在对确定无疑的基础的寻找中,希望从一个严格内在的角度来对意识进行研究,并从而发现必须完成一个将所有的外在的或者超越的成分从意识中清除出去的纯化过程。因此,德莱福斯将还原解释为一个态度的转变,它使我们将注意从这个世界中的对象和指向这些对象的心理经验上转移开来,而得以集中于使意向性成为可能的抽象的心灵表象。[1] 德莱福斯将胡塞尔解读为一个典型的内在主义者,他认为胡塞尔忽略这个世界是怎样的,而只考虑心灵表象所拥有的功能,并且极力驱迫我们在研究心灵内容的同时,不考虑我们意向性所指向的东西到底是否存在。[2] 由于德莱福斯还认为胡塞尔将意义看作纯粹心灵的和完全与这个世界相分离的,他便提出胡塞尔没有能力对对象是如何被给予的进行说明(原文如此),而只能说明它们是如何被意向的,[3] 最终,他将胡塞尔的现象学定义为这样的研究,即它只对在还原的运作给世界加上括号之后仍留在意识中的心灵表象感兴趣。[4]

从我个人的陈述中可以明确地看出,我完全不赞同德莱福斯的说法。但德莱福斯不是唯一提出这种解释的人。他的一些主张

---

[1] 德莱福斯(Dreyfus) 1982, 2, 6。
[2] 德莱福斯(Dreyfus) 1982, 14。
[3] 德莱福斯(Dreyfus) 1982, 108;德莱福斯(Dreyfus) 1988, 95。
[4] 德莱福斯(Dreyfus) 1991, 50。

也能在史密斯和麦金太尔的著作中找到。根据他们的看法,胡塞尔为了对所有有关外部世界的关注加括号,以便集中于经验的内部结构,他利用了一个特殊的反思。① 就其宽泛的定义,现象学变成对意识的内在特征或仅仅是对人类经验的研究。② 这个定义很容易导致这样的结论,即现象学还原无非就是一种复杂的内省,而现象学实际上最终——就像史密斯做的那样——作为一种心理学的分支学科而被定义为意向性心理学。③ 然而,史密斯和麦金太尔都承认,胡塞尔不止进行了一个还原,并且,根据他们的说法,现象学-心理学还原的目的是将我们的注意集中于意识及其经验上,而非其通常所占有的多种外部对象上,然而,先验还原的目的却是从这个对意识的研究中清除所有经验性和自然主义的考虑。④ 这样,就可能更加专门地谈论先验或者纯粹现象学,它由此被定义为对从所有的经验性或者自然主义的考虑中纯化出来的意识结构的研究。

在第一章中,我介绍了胡塞尔意向性理论的一些主要特征。显然,胡塞尔并没有在《逻辑研究》中结束他对意向性的研究。相反,他继续发展了这一点,例如在《观念 I》里就有某些部分致力于阐明一个远为复杂的理论。对这个后来的理论作出详尽说明会使我们过于偏离主题,但由于刚刚勾画出的对现象学的解释通常是基于对《观念 I》中的意向性理论的某种特定的解释,我必须就此说几句。

---

① 史密斯和麦金太尔(Smith and McIntyre)1982, xiv, 87-88。
② 史密斯和麦金太尔(Smith and McIntyre)1982, 93;史密斯(Smith)1989, 14。
③ 史密斯(Smith)1989, 14。
④ 史密斯和麦金太尔(Smith and McIntyre)1982, 93-95。

在《逻辑研究》中就已经很清楚的是，意向性分析必须要对行为的内在的(真实的[reell])内容以及行为的超越的相关项作出区分。这个内在的内容由两个不同的部分构成，感觉和作为心智过程的具体意向(参见边码第25页)。在《观念 I》中，胡塞尔仍持这一立场，但却使用了一个新的术语。正如他表述的：意识流包含两个不同的成分，1)非意向性的感觉内容的层次，无论它是视觉还是触觉、痛觉、恶心等等。胡塞尔称其为感性质料(原质[hyle])或原质性质料(hyletic matter); 2)激活性成分或者赋义成分的意向性维度。胡塞尔谈到过意向性形态(morphe)，但他同时也在更加频繁地谈到意向行为(noesis)或者意向行为的成分(Hua 3/192-196)。虽然这两个成分都是内在于行为的，现在那个超越的、被构成的相关项被称为意向对象(noema)。这个意向对象经常被等同于作为被意向的对象(object-as-it-is-intended)。一个至关重要并且颇有争议的问题是，去详细说明作为被意向的对象与被意向着的对象(object-that-is-intended)之间的关系。我们处理的是两个极其不同的本体论实体，还是对同一个实体的两个不同视角呢？

这个所谓的意向对象的讨论最早是在弗莱斯戴尔(Føllesdal)1969年出版的《胡塞尔的意向对象观念》中出现的。尽管这个讨论有时几乎已经具有了其自身的生命力，并产生出了无数的文章，但由于它与一个重要的问题有关而不能被忽略。一个人所坚持的对意向对象的解释对其对胡塞尔意向性理论的解释有着影响，也对其对现象学课题的一般理解有影响。① 让我对两个最重要的解释作出

---

① 这种主张很容易举出例子来。比如，德莱福斯基本上接受了弗莱斯戴(转下页)

一个非常简要的描述。

大家普遍承认,只有通过悬搁和还原才能发现意向对象。然后,我们才能将被意向的作为被意向的进行主题化,也就是说,将对象正如它所意谓和被给予的那样进行主题化(Hua 3/202-205)。但这个悬搁是否意味着,我们为了说明内在的心灵表象,而将超越的时-空世界加上括号,或者说,它是否意味着我们仍在继续探索和描述这个超越的时-空世界,但现在是以一种不同的方式来进行呢?意向对象,即作为被意向着的对象,是与内在的心灵表象等同——即是与抽象的观念的意义等同——还是与被意向的对象的被给予性相等同呢?

弗莱斯戴尔、德莱福斯、米勒(Miller)、史密斯和麦金太尔(通常被称为加利福尼亚学派,或者西岸理解)为胡塞尔意向性理论的弗雷格式的理解进行辩护。根据他们的说法,意向对象必须与行为和对象严格地区分开来。它是作为行为与对象之间的意向关系之中介的观念性意谓或者意义(meaning or sense)。由此,非常重要的是,意向对象不能被作为意识被指向的东西,而应该被作为意识被指向的手段,我们是依靠它才得以指称外在对象。因此,弗雷格式方法的一个决定性的特征是,我们可以在与语言性表达的指称的类比中构想意识的意向性。在两种情况中,指称都被意义所决定。也就是说,在两种情况中,指称都由意义所完成。简而言之,

---

(接上页)尔的意向对象理解。他认为,是弗莱斯戴尔最先意识到胡塞尔究竟要说的是什么,是弗莱斯戴尔指出了胡塞尔的意向对象是一个抽象的结构,正是这个结构使得心灵得以指向其对象。并且,如德莱福斯本人所表述的,胡塞尔现在最终被认为首先发展出了精神表象的一般理论都要归功于弗莱斯戴尔(德莱福斯[Dreyfus] 1982, 1-2)。

意向对象是一个中介性的观念性实体,它是我们去意向对象自身的工具。正如史密斯和麦金太尔所写道的:"胡塞尔的意向性理论不是一个对象理论,而是一个中介者理论……对于胡塞尔来说,一个行为是通过中介性的'意向性'实体,即行为的意向对象指向对象的。"①

与此相反,索克洛夫斯基、德鲁蒙德、哈特(Hart)以及科布-史蒂文斯(通常被称为东岸理解)认为意向性是意识经验的根本特征,他们因此否认一个似乎从西岸理解所支持的中介者理论得出的推论,即,行为的意向指向性是意义的内涵(intensional)本性的功能。在他们看来,悬搁与还原的目的不是用心灵表象来替换世界性对象。在还原之后,我们仍继续关注世界性的对象,但我们不再以一种素朴的方式去考虑它,而是把它作为被意向和被给予的来关注,即将它作为经验的相关项。但是正如索克洛夫斯基所强调的,去考察作为被意向的对象,即对象对于我们的意义,是去考察对象自身,而非意识结构。② 结果,他认为意向对象不能被理解为观念性的意义、概念、或者命题,它不是主体和对象之间的中介,也不赋予意识以意向性(就好像在引入意向对象之前,意识是一个闭合的容器,与这个世界没有一点关系),毋宁说它是在现象学反思中(与心理学和语言学的反思对照)被考虑的对象自身。意向对象是被感知的感知对象,被回忆的回忆片断,被判断的判断事态,等等。作为被意向的对象,它是被抽象化考虑(也就是从刻画我们自然态度的立场

---

① 史密斯和麦金太尔(Smith and McIntyre) 1982, 87。
② 索克洛夫斯基(Sokolowski) 1987, 525。

中抽离出来)的被意向的对象,而这是某种只有在现象学的或先验的态度中才能被给出的东西。[1] 由此,东岸理解就会对西岸理解作出这样的批评,即他们混淆了在一种在不普通的态度(即现象学态度)中被抽象地考虑的普通对象与不普通的抽象实体。[2] 只要对意向对象的研究是对任何一种对象、角度、维度或领域的研究,这是一些恰在其展现以及对于意识的意义中来考虑的东西,那么对象和意向对象最终便是以不同方式被考虑的同样的东西。然而,这并不意味着(在反思的态度下)作为被意向着的对象与被意向着的对象之间没有任何区分,但这个区分是在意向对象之内的结构性差异,而不是两个本体论上不同的实体之间的区分。[3] 意向对象并不使我们指向本体论上区分于其自身的对象,被意向的对象自身就是意向对象之中最为根本的环节,它自身就是意向对象的一个成分。正如德鲁蒙德所表述的,我们的确是通过其意义去意向对象,但是在贯穿它而非超越它的意义上,来通过意义意向对象的。[4]

在给出了对胡塞尔关于意向对象概念的东岸理解之后,他是否还能被刻画为一个内在论者呢?如果内在主义被理解为这样一种理论,宣称(存在于某种无语言的心灵领域中的)内在表象是任何一种指称的充分必要条件,那么他当然不是。在它与表象主义毅然决裂中,东岸理解完全共享了德莱福斯对传统观点的拒斥,这个观点认为,我们与对象相联系的能力需要一种存在于心灵之中的内在

---

[1] 索克洛夫斯基(Sokolowski) 1987, 526-527。
[2] 德鲁蒙德(Drummond) 1992, 89。
[3] 德鲁蒙德(Drummond) 1990, 108-109, 113。
[4] 德鲁蒙德(Drummond) 1990, 136。

表象。① 但同时它也强烈地质疑这样一种说法，即胡塞尔的意向性理论忽略了我们与存在的实在之关联，并且，意向对象所具有的功能与世界究竟是怎样的并无关系。毕竟，意向对象不是别的，正是世界性地作为被意向的对象。

关于意向对象的讨论是一个高度技术性的讨论，如果我更加详尽地去对不同立场所给出的论证进行说明，就会把我们引得太远。然而，有一点我不会隐藏，即我自己对东岸理解更有同感。对此有一些理由，其中一个是，我相信对意向对象的弗雷格式的解释与我所拒斥的那种对胡塞尔现象学的解释是密不可分的。我认为，不可能孤立地去讨论意向对象。它必定要被结合到一个整体，即对胡塞尔关于还原和构成的先验哲学理论的一个更为一般的理解之中。正如在《观念 I》的第三部分中，胡塞尔本人在对于意向行为和意向对象之间的关系的导论性陈述中所说的，"如果没有抓住先验态度特有的本己性（ownness），并且没有实际上占有纯粹现象学的基础，当然也能使用现象学这个词；但却并不拥有事情本身"（Hua 3/200）。然而，如果接受我在前面所提供的对悬搁和还原的解释，那么显然就必须拒绝这个看似来自弗雷格式解释的结论，即现象学的正当领域是意识自身的内在特征和结构，而现象学悬搁的运作最终要求对本体论承诺的戒绝，以及当遇到任何关于存在（being）或实存（existence）问题时所需要的中立性。由此，将胡塞尔的现象学仅仅理解为一种意义理论而非本体论便是有问题的。② 这种误解可

---

① 德莱福斯（Dreyfus）1988, 95; 1991, 51。
② 这个假设被诸如哈奇森（Hutcheson 1980）以及霍尔（Hall 1982）等提出。

能基于其没有对胡塞尔的描述现象学与先验现象学进行区分——在《逻辑研究》中,胡塞尔本人确实说过对象的实存在现象学上是不相关的(Hua 19/59, 358, 387, 672)——或者也可能是因为忽略了他的现象学并不完全缺乏形而上学的意蕴,尽管他的悬搁悬置了未被证实的形而上学假设。然而,正如胡塞尔已经在《观念I》中所指出的,现象学最终会将它起初因为方法论的原因所打上括号的东西包含进来,并结合为一体(Hua 3/107, 3/159, 3/337)。正是在这个背景之下,胡塞尔最终得以宣称,一个完全发展的现象学本身就是一个真正的、实现了的本体论(Hua 8/215),在这里所有本体论的概念和范畴都在它们与构成性的主体性的相关中被阐明,[①] 正如他也拒绝任何对现象学的反形而上学理解那样:

> 最后,为了避免产生任何误解,我要指出,正如已经说过的,现象学的确排斥任何在其自身之内运用荒谬的东西的朴素形而上学,但并不排斥形而上学本身……那个内在的第一存

[①] 后期的现象学家,比如与海德格尔相对照,胡塞尔时常被认为并不处理本体论的问题。这种观点初看起来显得有些荒谬,但却不能由于已经给出的引文就简单地对其进行拒绝。因为对胡塞尔和海德格尔的进行比较就能表明他们在谈及本体论时有着不同的理解。当胡塞尔提及本体论时,他通常指的不是形式的就是质料的本体论,也就是说,指那些与对象的属性有关的理论。然而海德格尔具有代表性地将真正的根本的-本体论的问题理解为属于存在者的存在的问题:某物存在的条件是什么,存在者的可能性的条件是什么?然而,由于海德格尔本人强调本体论只有作为现象学才可能(海德格尔[Heidegger] 1986, 35),他的中心问题似乎就能允许以如下的方式重新表达:显现与展现的可能性条件是什么?如果这个问题被如此重新表达,就可以清楚地看出海德格尔的根本的-本体论的问题与胡塞尔的先验的-现象学的问题并非离得那么远(如果考虑到胡塞尔对时间性的分析,这一点便会更加明确)。不过当然,这并不意味着他们的答案是完全相同的。

在，那个先于并且承载每一世界性的客观性的存在，就是先验主体间性：这以不同的方式实现交流的单子的宇宙（Hua 1/38-39）。

现象学只有在它拒斥所有与纯粹形式性假设的构造有关的形而上学的意义上，才是反形而上学的。但和所有真正的哲学问题一样，所有形而上学问题都会回归到现象学的基础上来，在那里，它们才找到了从直观而形成的真正的先验形式和方法（Hua 9/253。参见 5/141）。

正如朗德格雷贝写道的，先验还原是胡塞尔通向形而上学核心问题之路。[①]

为了避免误解，有必要强调，这种为现象学的形而上学维度作辩护的尝试不能被看作是对任何一种形而上学努力的认可。"形而上学"是一个特别含糊的术语，它可以以多种非常不同的方式来进行理解和规定，比如说：

- 一个思辨性地构造出的哲学体系
- 一种关于超感性或超现象的实体的科学
- 一种对基于无源之见去描述实在的客观主义的尝试，也就是，一种想要提供一个对现实的绝对非视角说明的尝试
- 对一个古老问题的回答，即为什么有物存在而不是什么都没有

[①] 朗德格雷贝（Landgrebe）1963, 26.

- 建立在二元对立的"逻辑"上的一种思维方式
- 一种对事实性的人类生活的意义这个永久性问题的回答的尝试①
- 或者仅仅是对存在着的实在的本性的一种系统性反思

只有当形而上学在最后一种最小的意义上被看待时,我才会将形而上学的中立性看作一种值得怀疑的先验的-现象学的运作,这种运作会造成重新引入某种两个世界理论的威胁——为我们存在的世界和在自身之中存在的世界。

的确,先验现象学和形而上学是两种非常不同的事业。形而上学在某种程度上还是前批判的和朴素的。在其对勾画出实在的基石的尝试中,它从没离开过自然态度。它并没有参与作为先验思想规定性环节的反思步骤。然而,形而上学有一种直接的对象-导向的本性,而先验现象学却有一种截然不同的反思性导向。但指出这一点是一回事,而宣称先验现象学没有受任何形而上学的影响,就好像它与所有不同的形而上学观点都相容,又是另一回事。如此主张就会使先验现象学无法与另一种完全不同的学说区分开来,即现象学的心理学。现象学的心理学是一项区域性本体论事业,它的基

---

① 在胡塞尔晚期的某些著作中,他事实上的确以这种有一点特殊的形式使用过"形而上学"这个词,他将其定义为对最终问题的一种哲学性的处理,这些终极问题是关于事实性的人类生活的意义,那么,形而上学也就是对像事实性、出生、死亡、命运、历史等等这样的问题的反思(Hua 1/182)。最终,是这条思路最终引向了胡塞尔的哲学的神学(参见哈特[Hart 1986])。然而,我并无意对胡塞尔这方面的想法再详加陈述,我所有提及"形而上学"的地方都不是指这种特殊的事业。

本任务就是对任何可能的(意向性)主体所必须具有的先天结构进行研究。但正如胡塞尔本人所坚持强调的,尽管这个任务很重要,但还是不应该与先验现象学的目的相混淆。先验现象学不只是关于主体性结构的理论,也不只是关于我们如何理解和感知世界的理论。它也不是一门关于世界如何向我们显现的理论,也就是说,还需要被更深层的对世界自身是如何的研究(留给形而上学)所补充。以这样一种方式来理解胡塞尔现象学会使其遭到这样的反对,即它涉及了一种非现象学的抽象。一些重要的东西会从它的保留节目中丢失,存在与实在便被留给其他学科了。并且正如我们刚刚看到的,这种解释既没有尊重也没有反映胡塞尔自己在这个问题上的观点。

当胡塞尔谈及世界的存在意义(*Seinssinn*)并给出对其构成的详尽的描述时,他介入的并非是对一个单一维度的意义进行语义学研究,而这一维度在本体论上是与实际存在的世界相分离的,相反,他探寻的是实存的世界的意义。胡塞尔并不专注于那种缺少形而上学和本体论意蕴的意义理论的反思,因此,以这种方式来描述胡塞尔的反思不仅误解了他的意向性理论的真实本性,也忽视了他的思想中先验哲学的地位。正如芬克在其1939年的一篇文章中说道,只有对现象学目标的完全误解才会导致一种错误而又被反复提及的观点,即胡塞尔的现象学对实在或存在问题不感兴趣,而只对意向性意识中主观的意义形成感兴趣。[1] 因而,任何一种这样的尝试,即通过指出胡塞尔那些明确讲到有关意义构成的地方,来支持这个

---

[1] 芬克(Fink) 1939, 257。

狭隘的意义理论的、语义学的解释，都是无用的，因为这一策略忽视了这样一点，即胡塞尔已经通过实施先验还原而超越了意义与存在之间客观主义的区分。当然，这并不意味着任何一个有意义的东西都存在。当谈到一个存在的对象时，我们所谈论的是在其卓越的被给予性中的对象，一个在场或者可能活生生地在场，即亲身地在直观中被给予的对象。

只有限制在胡塞尔的前先验的现象学之内，才能保持存在与意义之间的区分。正如我在第一章的结尾处所提及的，胡塞尔在《逻辑研究》中仍然断言，关于独立于心灵的世界的存在问题是不属于现象学的形而上学问题（Hua 19/26）。与此相似，他也可以认为，一个知觉是真实的还是欺骗性的都与现象学无关（Hua 19/358），因为现象学的唯一任务是将现象作为现象而进行描述。然而，只要关于意向对象的形而上学地位的问题仍然悬而未决，胡塞尔的现象学就仍有一些决定性的缺陷。但是，胡塞尔对现象学的主题与范围的理解，在他转向明确的先验现象学之后就发生了转变。在《观念 I》的最后一部分，即题为"理性与现实"的那部分，胡塞尔实际上处理了关于客观实在和其对理性意识的相关关系的问题。正是这种分析，将胡塞尔逐渐引向对先验主体间性的理解，即将其作为世间性的客观性与实在性的基础（参见边码第 115 页及以下）。

在《观念 I》中，胡塞尔写到，意向对象相关项在非常宽泛的用法上可以被称为意义（Hua 3/203）。显然问题是，究竟有多宽泛？芬克在他的文章"当代批判中的胡塞尔的现象学哲学"（1933）中给出了一个答案——胡塞尔本人是用以下的话来介绍这篇文章的，"我非常明确地将这篇文章中的每一句话都看作是在表达我个人的信念和立场。"芬克写道：

> 如果心理学的意向对象是现实的意向对象的意义，这个意义要和与其相联系的存在自身区分开来，那么与此相对，先验的意向对象就是这个存在自身。①

芬克的观点是，当我们停留在心理学的立场上时，才会区分意向对象与对象自身，但是，当我们采取一种先验的态度时，这种区分就不再是可接受的了。从这一角度看，对象被构成的有效性及意义与它的实在和存在之间就不再有任何本体论上的区分了。在同一篇文章中，芬克还认为，想要将现象学定义为一门意向性心理学的尝试只不过暴露出它仍停留在自然态度之中。他认为，只有通过现象学还原才可能理解什么是先验的，即真正现象学意义上的意向对象概念，他写到，意向对象与对象之间的区分实际上是意向对象之内的区分，因为被意向的对象只是一个意向对象同一性（noematic identity）。② 正如胡塞尔在 1922 年写道的：

> 认为意识通过它内在的意向对象意义[*Sinn*]（即，在其意向对象规定和作为存在的设定模式中的意义极点 X）将其自身与一个超越的对象相联系，是有问题的，更确切地说，是错误的谈论方式。我从来没有过这样的意思。如果在《观念》中可以找到这样的表述，我会觉得很惊讶，但在其适当的语境中，

---

① 芬克(Fink) 1933, 364 (2000, 117)。
② 芬克(Fink) 1933, 363-364。

肯定没有这个意思（Ms. B III 12 IV, 82a）。[1]

尽管给出了这些批判性的评论，我并没有断言对胡塞尔的弗雷格式的解释一无是处，也没有说它完全没有文本证据。鲁道夫·贝奈特曾经在他的文章"胡塞尔的意向对象概念"中提出，胡塞尔早期的意向对象观念非常的模糊，仅在《观念 I》中就有可能区分出至少三种不同的意向对象概念：1）被理解为具体的现相的意向对象，2）被理解为观念性意义的意向对象，3）被理解为作为构成的对象的意向对象。[2] 这样，作为一种调和的尝试，可能会认为胡塞尔意向对象的概念过于模糊，以至于这种模糊性自身就可以提供几种不同的解释。在某种程度上，芬克对心理学的和先验的意向对象概念的区分可以起相似的论证作用。但是，接下来的中心问题当然便是，究竟哪一个意向对象概念代表了胡塞尔的成熟观点？再提最后一个观点，对施特勒克（Ströker）来说，胡塞尔意向行为与意向对象的概念是先验的-现象学的概念，并且严格说来，认为被意向的对象应该在意向对象领域之外的设想是没有意义的，因为先验哲学所主张的恰恰是没有这种超越，而只有被构成的超越性。然而，根据施特勒克，还是有可能为这样一个论题，即意向对象仅仅是我们用以

---

[1] "Zu sagen, daß das Bewußtsein sich durch seinen immanenten noematischen Sinn (bzw. Den Sinnespol X in seinen noematischen Bestimmungen und seinem Setzungsmodus als seiend) auf einen transzendenten Gegenstand 'beziehe', ist eine bedenkliche und, genau genommen, falsche Rede. Ist so verstanden nie meine Meinung gewesen. Ich würde mich wundern, wenn diese Wendung sich in den 'Ideen' fände, die im Zusammenhang dann sicher nicht diesen eigentlichen Sinn hätte." (Ms. B III 12 IV, 82a) 这一参考文献的引用要归功于拉巴纳克（Rabanaque）1993。

[2] 贝奈特（Bernet）1990, 71。

意向超越对象的手段,找到支持它的理由,这个理由便是,胡塞尔本人在《观念 I》的陈述中不停地游移在自然态度和(先验的)现象学的态度之间。①

我再补充一点,除了在胡塞尔解释的语境下讨论意向对象外,将其与发展最可信的意向性理论的系统性尝试相结合起来讨论,也是可能的,并且是非常合法的。然而,无需惊讶的是,这两种相互竞争的解释都宣称他们自己所支持的说明既是最忠实的胡塞尔解释,也是关于意向性的最可信的理论。结果便是,每一方都争辩说自己的解释系统性地优于对方。这里仅给出一个例子,即弗雷格式的理解典型地会认为东岸理解难以说明幻觉的例子,而他们自己却很容易做到。与此相反,东岸理解则会认为,一旦设想意向性关系涉及某种中介,弗雷格式的进路所提供的说明就很难应对经典的心灵主义和表象主义等标准问题,而他们自己的解释却让主体和世界更加接近,由此使得胡塞尔的理论更加贴近后期现象学家的观点。

无疑,在某种程度上,这个对意向对象的系统的考察角度是最为有趣的,但是这本书的范围却不允许我再继续深入下去。②

II

胡塞尔的笛卡尔式的还原方法试图通过诉诸这样一个事实,即

---

① 施特勒克(Ströker)1987,115ff。
② 对关于意向对象的讨论作出的贡献之中,应该提及古尔维奇(Gurwitsch)1966;弗莱斯戴尔(Føllesdal)1969;史密斯和麦金太尔(Smith and McIntyre)1975 和 1982;索克洛夫斯基(Sokolowski)1984 和 1987;德鲁蒙德(Drummond)1990;贝奈特(Bernet)1990;菲塞特(Fisette)1994。

意识是以和世间性的对象不同的明证性被给予的,来为世界与意识之间的差异进行辩护,这个方法经常使人们断言胡塞尔拥护一种**基础主义**。① 更切地说,胡塞尔的现象学曾被解释为对揭示一些确定无疑的真理的尝试,而这些真理可以作为所有其他类型的知识的系统性基础以及出发点。

不仅胡塞尔一本流行著作的标题,即《哲学作为严格的科学》,已经导致了这种解释,并且可能在更大程度上,胡塞尔对揭示构成性生活越来越深层次的不断尝试(也导致这种解释)。特别是在一些早期著作中(如笛卡尔式的认识论导向的讲座课程《现象学的观念》),这种尝试被以一种容易导致以下印象的方式描述,即现象学应该中性化,并悬置所有的超越的意向以及对不充分的被给予的设定,以便专一地集中于被充分和确然地给予的主体的内在性(Hua 2/44-45)。

不用说,胡塞尔会断言对先验主体性的现象学分析会与,比如,对新几内亚的部落中的性别角色样式的人类学研究,有着相当不同的地位。就其作为一个先验哲学家而论,胡塞尔的确寻求某种基础。他会坚持认为,对先验主体性的阐明就是对那使得所有其他科学变得可理解的框架的研究。先验现象学研究经验、意义和展现的可能性条件,并因此研究所有其他科学都发生于其中的框架。

然而,尽管如此,称胡塞尔为基础主义者还是很容易误导人的,至少在传统认识论意义上使用这个术语的时候。正如胡塞尔本人在《形式逻辑与先验逻辑》中所看到的,想要建立一种以绝对确定

---

① 参见哈贝马斯(Harbermas 1985, 129);罗蒂(Rorty) 1980, 4, 166-168。

的真理为其唯一基础的科学的尝试，却最终包括对科学的真正本性的误解（Hua 17/169）。正如在第一章所指出的，胡塞尔本人的明证性概念绝不是没有错误或者后来不需要更正（参见边码第 138 页）。

胡塞尔的观点还在许多其他方面和传统的基础主义不同：

1. 首先，胡塞尔没有认为他自己的先验分析就是结论性的最终分析。它是对一个领域的探索，而这在绝对的意义上是不可避免的（*unhintergehbar*）。但对这个领域的分析却总是可以被提炼、深化和改进。根据胡塞尔，关于先验维度的完全和结论性的真理是一个范导式的理念。哲学作为基于最终辩护的科学，是仅能在无限的历史过程中被实现的理念（Hua 8/186, 6/439）。

2. 其次，胡塞尔明确地将自己与公理化的和演绎的方法理想拉开距离，而这通常是理性主义的基础主义者所承诺的（Hua 1/63），他从而否认先验的"我"可以作为先验演绎的出发点（Hua 6/193）。现象学不是一个演绎性的学科，而是一个描述性的学科，为此胡塞尔反复强调，它属于与数学截然不同的一个学科（Hua 3/158）。换一种说法，先验现象学所可能揭示的真理，其并不形成一个可以从中演绎出实证科学的内容的基础。

我已经提到，胡塞尔将充分的和结论性的真理作为一个范导式的理念，也就是说，只有在无限努力中才能实现的目标。相反，胡塞尔在一个远远大于后期现象学家的程度上，关心关于知识与客观性的可能性条件问题。然而，还应该注意到胡塞尔做哲学的动机何在。

它主要不是一个理论性的动机，而是一个实践性的动机，或者更确切地说，是伦理的动机——对处于绝对的自我责任中的生活的伦理追求（Hua 8/197）。

因此，不忽视胡塞尔思想的伦理维度是很重要的。胡塞尔谈到一种基于明证性的自我负责的生活，这是一种因对先验基础的现象学探索而可能的生活（Hua 8/167）。生活在现象学态度中不是中性的非个人的投入，而是一种关于个人和存在之决定性意义的实践（Hua 6/140）。换言之，哲学与一个伦理的生活紧密联系。在《第一哲学I》中，胡塞尔清楚地提到这种苏格拉底-柏拉图式的哲学理念：

苏格拉底对生活的伦理学改革具有以下特征，即它将真正令人满足的生活理解为具有纯粹理性的生活。这意味着这样一种生活，即在其中，人们在不懈的自身反思和彻底的责任中，实行对其生活目标的批判——一个最终带有评价性的批判——然后自然而然地，以它们为中介，达至对其人生道路及其当前生活方式的批判。如此的责任和批判被作为一种认识过程而进行，并且的确，根据苏格拉底，它被作为对所有合法性及其认识的原初来源的方法性回归（*Rückgang*）——用我们的术语表达，即通过回到完全的清晰性、"洞见"、"明证性"（Hua 7/9）。

在我们意识到对获得充分的基础的尝试是一个无限的理念的时候，这种规范-伦理的动机便尤为重要。正是对绝对自我责任的要求才能敦促我们不懈地寻找绝对明证性（Hua 8/196, 244, 5/139, 1/53）。

换一种说法，对胡塞尔来说，决定性的事情并不是对绝对真理的占有而是对生活在绝对自我责任中的尝试,也就是说,对将思想和行为尽可能地建立在洞见上的尝试。并且,正如胡塞尔在他的一篇仍未出版的手稿中所陈述的,个人的自我责任同样蕴涵着对共同体的责任。自我责任只有在与其他主体的关系中才能充分实现(Ms. E III 4 18a, E III 4 31a。参见 Hua 8/197-98, 15/422)。

第四节　胡塞尔的先验唯心论

根据胡塞尔,如果想要避免独断论的预设,所有的对象都必须在与经验着的(构)主体性的相关中被理解。但如果与本体论的独断论的决定性分裂要求并意味着对被给予性领域的回归,那么关于绝对独立于心灵的实在之存在的观点便会显得不可接受。我们于是面临着胡塞尔的唯心主义。

在《逻辑研究》中,胡塞尔已经宣称,只有唯心主义的认识论才是融贯一致的(Hua 19/112)。那时,唯心主义仅仅意味着一种对观念性的不可还原性进行辩护的理论,也就是说,是一种主张观念性不能被还原为心理或物理的实体或过程的理论。在《笛卡尔式的沉思》中可以找到同样的论题(Hua 1/118),但现在应该在一种远为深刻的意义上来看待它。在胡塞尔的先验转向之后,唯心论被看作一种为主体的先验优先性进行辩护的立场(Hua 8/215),胡塞尔认为,这种优先性对现象学来说至关重要,他甚至将现象学等同于先验唯心论:

只有那些要么对意向性方法,要么对先验还原,要么也许

第二章　胡塞尔的先验哲学转向：悬搁、还原和先验唯心论　*91*

对二者的最深层含义都产生了误解的人，才会试图将现象学和先验唯心论分离开来（Hua 1/119。参见 8/181）。

然而，胡塞尔也反复强调，他的先验的-现象学的唯心论根本上区别于任何传统的唯心论，而这种传统唯心论在对实在论的反对中仅仅展现出其自身仍局限于自然态度之中（Hua 5/149-153，17/178，1/33-34，118）。并且，正如我们已经看到的，胡塞尔同样明确地对现象主义进行了谴责：

> 现象主义理论的根本缺陷在于，他们没有在作为意向性经验的现相（*Erscheinung*）和显明的对象（对象性谓词的主体）之间作出区分，并因此将经验到的感性杂多与客观特征杂多等同起来（Hua 19/371［546］）。

> 无论我们会对现象性的外在事物存在与否的问题作出怎样的决定，我们都不能怀疑，每一个如此被感知的东西的实在都不能被理解为在感知着的意识之中被感知的感性杂多的实在（Hua 19/764-765［862］）。

由此，胡塞尔激烈地批评了这样一个观点，即意向性对象可以被还原为感性杂多。他的唯心论当然不意味着将世间性的实在分解为心灵内容（Hua 3/335）。那么，应该怎样来理解它呢？

根据胡塞尔，实在不单单是分离于经验情境和概念框架的赤裸裸的事实，而是一个有效性和意义的系统，这一系统需要主体性这一主体性如果要显现和表达自身,那么指的就是经验性和概念性的维度。正是在这个意义上,实在才依赖于主体性,这也就是为什么胡塞尔认为,谈论绝对独立于心灵的实在与谈论圆的方一样地荒谬(Hua 3/120)。这显然不是否认或质疑真实世界的存在,而仅仅是拒绝对它的本体论地位进行客观主义解释。

那么,作为一个超越的对象又意味着什么呢?对胡塞尔来说,这个问题只能通过转向现象学上的被给予,即转向显现着的对象而给出批判性的、非教条性的回答。所谈论的超越的对象不是我意识的部分,也不能被还原为我对它们的经验。这就是谈及一种总会令我们惊奇的对象,也就是,以不同于我们的预期的方式来呈现它们自身的对象。然而,这并不等于说,对象在绝对的意义上独立于我的视角,而我的视角也不能通达对象。相反,胡塞尔相信,只有将超越的对象作为对我们来说是超越的,谈论这种超越的对象才有意义。只有通过我们对对象的意识,它们才对我们有意义。作为实在的、客观存在的对象,也就是要有一个具体限定的现相框架,它要带着特定的意义和有效性,以特定的方式被给予主体,但不是在对象只有实际上显现了才存在的意义上,而是在另一种意义上,即在它的存在与如此的现相的可能性相联系的意义上。断言存在没有被实际经验到的对象——月球背面的石头,亚马孙丛林的植物,或者紫外线光谱中的颜色,等等——也就是主张,这个对象嵌入在经验的视域中,并且在原则上可以被给予(尽管可能会有与此相联系的经验主义或者人类中心主义的困难)。正因为此,所有超越的对象才仍被认为是现象学研究领域的一部分。

胡塞尔有时将他的唯心论描述为这样一种尝试,即要通过对构成意向性的系统分析来理解并阐明世界的丰富性和超越性(Hua 1/34)。在这种意义上,胡塞尔的先验唯心论可以被看作是对自然态度的实在论的挽回,而非对它的放弃。换言之,胡塞尔会宣称,先验还原使我们能够理解并说明内在于自然态度的实在论。实际上,胡塞尔写道,他的先验唯心论将自然态度包含于自身之内(Hua 9/254)。①

> 超越的世界;人类;他们彼此,以及与我,作为人类的交流;他们彼此之间的经验,思考,行动以及创造:这些都没有被我的现象学反思所取消,也没有被贬值、被变化,而仅仅是被理解了(Hua 17/282[275])。

> 这个世界存在,在不间断地、连续地融入普遍的和谐的经验之中,世界作为存在的宇宙而被给予,这是确定无疑的。但要理解这种支撑生命与实证科学的确定无疑性,要阐明其合法性的基础,又完全是另外一回事(Hua 5/152-153)。

> 如果实在论这个词的意思仅只是:"我确定我是生活在这个世界上的一个人,等等,并且我对此确信无疑。"那么便没有比这再强的实在论了。但重要的问题正是去理解这里如此"明

---

① 芬克写到,由于我们是在两个不同的层面上讨论真理,因此,世界中的真理便不与先验界的真理发生冲突。由此,对世界的先验理解并不否认自然态度所得到的真理,而相反使它们更加严格,也就是说,使它们可以被构成性地理解(芬克[Fink] 1988a, 129)。

显"的东西（Hua 6/190–191 ［187］）。

　　没有一个一般的"实在论者"曾像我，这个现象学的"唯心论者"，如此地实在和具体（顺便说一下，我已经没有用这个术语了）（胡塞尔档案 III/7, 16）。

通过作出这些断言，胡塞尔不仅接近了康德关于先验唯心论与经验实在论的相容性的著名主张，[①] 他还接近了那种偶尔被称作内在实在论的观点。实际上，在某种程度上胡塞尔对表象论的批评的确支持了一种（直接的）实在论。我们"首先和大多"被指向实在存在的对象，并且这种指向性不以任何内在于心灵的对象为中介。但如果想要将这种立场称为实在论，就必须强调它是一种基于经验的实在论。它是一种经验性的实在论，或者一种并非不同于希拉里·普特南所支持的内在的实在论，[②] 它与形而上学的或者外在的实在论没有密切的关系。

　　同时，甚至可以更为恰当地说，胡塞尔对表象论的批评可以看作对实在论和唯心论二者的批判。如果用内在表象／外在实在这对术语来规定实在论与唯心论之间的对立，唯心论主张唯一存在的实体是内在于心灵的表象，而实在论则主张心灵表象对应于外在于心灵的、独立于心灵的对象，那么很显然，胡塞尔必须拒绝二者。换言之，以这种方式定义唯心论和实在论相对而言太简单，以至于二

---

① 康德（Kant）1956，A370。
② 参见普特南（Putnam）1988。

者都不适合用来刻画胡塞尔的现象学。再提供另一个这样的定义：如果将唯心论定义为这样一种立场，它主张主体无需世界便可持存，而实在论的立场是主张世界无需主体便可持存，那么显然，一种坚持两者之间的严格相关的立场（比较胡塞尔的本体论还原方法）就超越了唯心论和实在论。的确，如此定义实在论，我们甚至有可能将胡塞尔的立场描述为一种唯心论，或者更准确地说，既然它与这里所说的实在论不相容，它甚至是一种反实在论。这里所得到的教训无疑是，实在论与唯心论的概念过于灵活，以至于近乎毫无用处。汉斯-格奥尔格·伽达默尔和芬克都曾赞扬胡塞尔克服了古老的实在论和唯心论之间的对立，这并非巧合，[①] 并且他确实既不是主观唯心论者，也不是形而上学实在论者。

第五节 构成的概念

胡塞尔的研究中一个反复出现的问题是，究竟如何理解胡塞尔关于构成的观念，尤其是就其对实在论与唯心论之间讨论的影响而言。很多胡塞尔的批评者认为，构成是一个创造性的过程，并指责

---

① 伽达默尔（Gadamer）1982, 178；芬克（Fink）1988a, 179。尽管很多解释者会赞同这样一个主张，即总是存在不同的理解方式。1）一种理解认为，先验唯心论在这样的意义上超越了实在论和唯心论，即严格地说，它是关于完全不同的内容，也就是说，先验唯心论只是缺乏形而上学的影响。2）另一种可能是，既然先验唯心论实际上是要努力将实在论与唯心论这两种立场各自的元素结合在一起，那么，它便超越了传统的对这两种立场的二者选一。3）最终，我们还可以认为，由于胡塞尔的先验唯心论使我们意识到，严格来讲，形而上学实在论与主观唯心论（以及众多的传统形而上学的遗产）都是荒谬的，它便超越了这个二者选一。

胡塞尔是一个站不住脚的唯心主义者。而那些更加倾向于支持胡塞尔学说的哲学家，则常常试图以下面这两种方式中的一种（或者两种）来对这一批评进行回击。其中一种声称，构成的过程仅仅表明经验着的主体与被经验到的对象之间的认识上的关系（正因为如此，它与实在论是完全相容的）；另一种则认为，被先验主体所构成的维度是意义的而非存在的维度。

然而这三种理解都值得商榷，它们最终会留给我们一个疑问，即这一对胡塞尔的标准的批评——胡塞尔本人从未就构成应被理解为对实在的创造还是恢复的问题有一个清楚的答案——是否呈现给我们的是一个错误的选择。[①] 转述一下普特南曾经所说的：并不是心灵构成了世界，但它也不是单单反映了世界。[②]

主张主体是对象的可能性条件，并不是假定主体和对象之间有因果联系。相反，这里所提到的条件性恰恰是非因果的。构成性主体决不应被比作一个"大爆炸"；它并没有发起一个决定其他一切的因果性过程。那么构成究竟是什么呢？给出一个简练的说法：构成必须被理解为考虑到展现和意义的过程，也就是说，它允许被构成者按其所是显现、展开、表达并呈现自身（Hua 15/434, 14/47）。正如海德格尔所说："'构成'并不在制作和编造的意义上意谓着产

[①] 有些令人惊讶的是，那些对胡塞尔构成概念的创造性理解的支持者，常常会提到芬克的一篇著名的文章"当前批判中的胡塞尔现象学"。芬克确实在这篇文章中提到先验意向性的生产性特征，构成性的本质必须被定义为一种建设性的创造。但紧接着芬克又补充到，这一定义之所以重要，只是为了超出那种对构成性概念的仅仅是（认识上）接受性的理解。并且，正如他后来所作出的结论，构成性既不是一个接受性的也不是一个生产性的过程，而是一种不能通过这些本体性概念的使用所捕获的东西（芬克[Fink] 1933, 373）。

[②] 普特南（Putnam）1978, 1。

生;它意谓着,让实体在其客观性中被看到。"① 然而,同另一个广泛存在的误解相反,这个过程并不是突然之间发生的,就好像是被先验自我从无之中故意地、推动性地发起并控制的。② 正如胡塞尔在一份1931年的手稿中所指出的,构成有两个原初的来源:原初自我和原初非我。这两者是不可分割的整体,因此,如果单独来看的话,它们便是抽象的(Ms. C 10 15b)。两者都是构成过程中不可还原的结构性环节,这一构成过程亦即是进入现相的过程。由此,虽然胡塞尔坚持主体性是展现的可能性条件,但他显然并不认为这是唯一的条件。也就是说,尽管它可能是一个必要条件,但却不是充分条件。由于胡塞尔时常将非我与世界等同起来(Hua 15/131, 287, Ms. C 2 3a)——由此使用了比他在《观念Ⅰ》第49章中试图取消的客观实在概念更加根本的世界的观念——并且由于他甚至发现有必要将世界作为先验的非我来谈论(Ms. C 7 6b),我认为据此推断出他将构成设想为一个涉及诸多相互纠缠的先验成分的过程,包括主体与世界两者,这么做也是情有可原的(最终也包括主体间性,参见边码115页及以下)。在此背景下尤其相关的是,胡塞尔用这种构成的过程去预设了事实性的成分,即没有自我的积极参与或贡献的被动的预先被给予性(Hua 13/427, 11/386)。显然,这不能被看作二元论的一种新的形式,相反,这一观点正表明,主体与世界不能被理解为彼此分离的。由此,胡塞尔的立场非常接近梅洛-庞蒂在下面这段话中所采纳的观点:

---

① 海德格尔(Heidegger) 1979, 97。
② 注意到各种各样构成之间的区别,无论是物质的、观念的抑或文化对象的构成,是很重要的。后者意味着一种更高的创造性。

世界与主体是不可分的，这个主体只是对世界的筹划，主体和世界也是不可分的，这个世界是主体自身所筹划的。主体是一个在世存在，而世界保持了其"主体性"，因为其结构（texture）和表达（articulations）是由主体的先验运动所描绘的（trace out）。[1]

构成是在主体性-世界的结构中展开自身的过程。正因如此，构成不能被理解为一些无意义的感觉材料的偶然的激活，也不能被理解为一种将世界从一个无世界的主体中演绎出来的尝试，或还原到一个无世界主体的尝试。[2] 把先验主体说成是构成性的与意义给予的实体（Hua 8/457, 17/251, 15/366），以及把对象说成是由主体构成，并依赖于它的存在，就是在形式上将主体-世界的结构说成是一个对象能够在其中显现的先验框架。

在这个背景之下，又一次有可能说明，胡塞尔的唯心论不同于任何传统的唯心论。尽管胡塞尔明显地主张世界依赖于构成性主体（Hua 3/104-106, 159, 5/153），应该注意到在先验还原过程中，"主体"和"世界"的概念所发生的转变。正如胡塞尔时常写到的，存在与意识是相互依赖并结合在先验主体性之中的（Hua 1/117）。与此相似，胡塞尔"单子"的概念——他用来表示主体在其完全的具体性之中的术语——不仅包括了意向性生活，也包括了所有通过它构成的对象（Hua 1/26, 102, 135, 14/46）。尽管胡塞尔不总是以

---

[1] 梅洛-庞蒂（Merleau-Ponty）1945, 491-492（1962, 430）。
[2] 参见图根特哈特（Tugendhat）1970, 177, 212, 217, 以及索克洛夫斯基（Sokolowski）1970, 138, 159, 197-198, 217。

这种方式表达自己，仍无可怀疑的是，他的主体性概念逐渐扩大，直到它超越甚至破坏了传统的主客体对立（参见 Hua 6/265）。换一种说法：胡塞尔运用了两种主体性的概念，一种狭义抽象的、类似于我们通常所用的主体性，和一个更加广义和具体的、包含了意识和世界两者的主体性。正如胡塞尔写到的（对他自己在《观念I》中的陈述的批判性的攻击），谈论一个纯粹的、无世界的自我极点（I-pole）是一种抽象，因为完整的主体性是一个经验着世界的（world-experiencing）生命（Hua 15/287）。这是胡塞尔最终开始使用诸如生活世界和世界-意识的生活（Weltbewußtseinsleben）这样的概念的原因之一（Hua 29/192, 247）。

最终，胡塞尔放弃了构成者与被构成者之间静态的相关性的观点。正如他在一些晚期著作中指出的，既然构成性的主体自身也正是在这个构成的过程中被构成，构成性的过程便具有某种相互性（reciprocity）特征。在这种背景之下，应该理解到《笛卡尔式的沉思》中所主张的，即是世界的构成意味着构成性主体的世间化（Hua 1/130），也就是说，主体对世界的构成性经验与主体对自身的世界性存在的构成性经验是形影相随的。这就是为什么胡塞尔一方面提到空间与空间性对象构成的相互依赖性，另一方面又提到身体的自身构成（Hua 5/128, 15/546）。简言之，认为先验主体可以保持不受自身构成性运作的影响是一种误解，就像认为主体可以无缘由地放弃构成行为是错误的一样。主体作为构成着的而存在，而这个构成同时又蕴涵了构成性主体的自身构成：

构成性意识构成其自身，客观化意识客观化其自身——并且的确，以此方式，它产生了一种具有时空形式的客观自然；在这个自然之中，我自身是有生命的身体（lived body）；也是伴随后者的心理物理的身体（并由此根据地点、时间位置以及持续时间被局部化在自然的时空之中），是整体的构成性生命，也是伴随着它的意识流，自我极点和习惯的整体的自我（Hua 15/546）。

显然，这种反思会对任何无世界的先验主体的存在有所质疑。[①] 我们发现这些反思被胡塞尔的助手尤根·芬克进一步发展了，他写到，现象学的真正主题既不是世界也不是无世界的主体，而是在先验主体的自身构成之中世界的出现。[②]

这些反思的一个结果便是，经验自我再也不能仅仅被看作是先验自我的一个偶然的附属了。因此，它就再也不能被看作先验现象学允许自己所忽略的东西了。与此相反，它对于我们理解为什么先验主体作为构成过程的一部分，必然要将自身构想为一个世间性的实体具有决定性作用。正如胡塞尔在《危机》的补充卷里写到的，有一点是绝对确定的，即我（the I）必须作为一个人（也就是作为一个世间的实体）在这个世界中显现。胡塞尔所提供的解释是——这是我在第三部分中所要探讨的——先验主体只有被肉身化和社会化（两者都蕴含了世间化），才能构成一个客观的世界（Hua 29/160-165, 1/130, 5/128, 16/162）。

[①] 参见，例如，布兰德（Brand）1955, 47；克莱斯格斯（Claesges）1964, 100, 143；朗德格雷贝（Landgrebe）1982, 81。

[②] 芬克（Fink）1933, 370；芬克（Fink）1988a, 49。参见 15/403。

换言之，想要理解胡塞尔的最终立场，(正如我们已经提及的)仅仅使用主体-世界这对概念是不够的。主体间性必须被作为第三种不可或缺的元素被考虑进去。正如我们已经看到的，胡塞尔认为自身和世界构成是形影相随的，但他也会主张世界的和自身的构成是在主体间发生的(Hua 1/166)。当谈及主体间性时，他明确地指出，主体间性是不可想象的，除非它是

> 明确地或暗含地在交流之中(in communion)。这涉及作为这样的许多单子，它们在自身之中构成客观世界并且将自身在这个世界之中空间化、时间化，并实现自身(心理物理上的，尤其是作为人)(Hua 1/166。参见 8/505-506)。

世界的构成、自身的展开，以及主体间性的建立都是一个互相联系的自发过程的组成部分。正如胡塞尔在《观念 II》中写道的，我，我们，以及这个世界属于彼此(Hua 4/288)。最终，这个构成性的过程以一种三个层面的结构形式出现，即主体-主体间性-世界。

胡塞尔的表达和术语并不总是那么清晰明了，但他的主要观点相对来说还是明白的：胡塞尔一贯认为，实在只能因着主体而显现。但最终他意识到：1) 主体并不能保持一直不被它的构成行为所影响，相反，它被吸了进去；同样地，2) 构成不是仅仅单个主体与世界的关系，而是一个主体间的过程。此后他所面临的问题就是要澄清主体、世界以及他者之间的确切关系。这在他最后的著作中表现得最为清晰，在其中，三者愈来愈多地相互纠缠。关键不在于从这三者的哪一个入手，因为怎样都仍然无法避免引向另外两者：构成

性主体只有在与他者的关系中,亦即在主体间性之中,才能完全获得它与自身和世界的关系;主体间性只有在与和世界相联系的主体的相互关系之中才会存在并发展;而世界必须要被构想为一个共同的、公共的经验领域(参见 Hua 8/505, 15/373, 13/480, Ms. C 17 33a)。

如果胡塞尔的最终立场会使某些读者想起黑格尔思想的成分,这大概不是没有原因的。然而,正如芬克所指出的,胡塞尔的理论——无论听起来多么思辨——不是思辨的构造,而是对现象学还原的基本洞见的简单表达。[①] 确实令人惊讶的是,胡塞尔关于自身、世界与他者之间关系的说明,与后来的现象学家(海德格尔、萨特和梅洛-庞蒂)对这个问题的说明颇有相似之处。作为结论,让我以海德格尔描述此在在世存在的两段文字作为例证:

> 世界存在——也就是说,它是(it is)——仅当此在存在,仅当有此在。只有世界存在,只有此在作为在世之在而存在,才有对于存在的理解,并且只有这个理解存在,存在才内在地作为手前的和上手的被揭示。作为此在-理解的世界-理解就是自身-理解。自身和世界一起属于一个单一的实体,即此在。自身和世界并非两个存在者,就像主体和客体那样,或者像我和你一样,相反,自身和世界是在世存在这一结构的统一体中的此在自身的基本规定。[②]

---

① 芬克(Fink) 1933, 378。
② 海德格尔(Heidegger) 1989, 422。

因为在世存在属于此在的基本构成，存的此在本质上就以处于（being among）世界内的存在者之中的方式而和他者共在（being with）。作为在世存在，它从来不首先只是存在于世界里的事物之中的存在，然后才去揭示同样作为这些存在的他人。相反，作为在世存在，它就是和他人的共在，这和他人是否和如何实际上与它在一起没有什么关系。然而，另一方面，此在也不是首先仅仅与他者共在（being with），然后才在与他人共在中遭遇世内的事物；相反，与他人共在意味着和在世之中的其他存在共在（being-with other being-in-the-world）——在世中共在（being-with-in-the-world）……换言之，在世存在是共在（being-with），也是在-中间（being-among），两者都有着同样的本源性。①

---

① 海德格尔（Heidegger）1989,394；参见1989,421。关于这些相似性的进一步讨论，参见扎哈维（Zahavi）1996/2001 和扎哈维（Zahavi）1999b。关于胡塞尔的还原和悬搁概念的进一步分析，参见耿宁（Kern）1962；朗德格雷贝（Landgrebe）1963；德鲁蒙德（Drummond）1975；伦科夫斯基（Lenkowski）1978。关于胡塞尔先验哲学的更加详尽的阐述，参见芬克（Fink）1933；西波姆（Seebohm）1962；索克洛夫斯基（Sokolowski）1970；阿居雷（Aguirre）1970；施特勒克（Ströker）1987。

第三章　晚期胡塞尔：时间、身体、主体间性和生活世界

在第一章和第二章，我首先陈述了胡塞尔意向理论的某些重要方面，接着阐述了他的先验现象学的某些更加一般的特征。这些论述背后暗含的论题是，正是胡塞尔对意向性越来越彻底的分析使他转向了先验哲学。然而，去论证主体性并非仅仅是世界之内的另一实体，而是现相和意义的可能性条件，也恰是实在得以丰富地展示和显现其自身的维度。这些并非现象学工作的完结，而仅仅是个开端。正如胡塞尔指出的，意向性的本性看起来可能是明显的，特别是当其被定义为"对……的意识"的时候。但是这种陈词滥调只能遮蔽意向性的谜一样的本性。实际上，"意向性"是一个问题的标题，而不是对所有问题的回答（Hua 3/200-201, 337）。因此它需要更加彻底的研究。

本章将划分为四节，每一节陈述胡塞尔对构成性过程的连续研究的不同方面。尽管这四个主题都可以在胡塞尔早期的著作中找到，然而每一个主题的重要性却在其著作过程中有所增加。因此，下面每小节都将作为胡塞尔晚期思想的一个陈述。

第一节 时间

对时间意识的分析并不仅仅是许多分析中普通的一个。相反，用胡塞尔的话来说，它关系到现象学里最重要和最困难的领域（Hua 10/276，334）。胡塞尔在他的《内时间意识现象学》的开头，引用奥古斯丁《忏悔录》（Confessions）第二卷第十四章的名句，便是不无道理的："那么时间是什么？如果没有人问我，我知道；但当我想向提问者解释时，我却不知道了。"

为什么胡塞尔对时间性的研究赋予如此核心的重要性？首先，如果人们忽视了意向行为和意向对象的时间维度，那么胡塞尔对意向性的研究就会是不完整的。比如，没有对时间意识的研究，就不可能理解知觉和回忆之间的重要关系，也不可能理解重要的同一性综合：如果我围着一棵橡树转，想去获得对它的更彻底的呈现，那么橡树的各个侧面并不作为分离的碎片而呈现自身，而是作为综合地整体化的环节被感知。这个综合化的过程在其本性上就是时间性的。另外，胡塞尔还宣称，意向对象只作为对象而被构成——作为行为-超越者——我们将其作为在杂多中的同一而经验的环节，也就是我们通过不同的行为和现相将其同一性建立起来的那个环节。但是对在行为（和现相）的变化中得到的对象的同一性经验，是需要时间意识的作用的经验（Hua 11/110-111，10，1/96，155，17/291）。最终，胡塞尔论证说，时间性必须被看作构成任何对象的形式的可能性条件（Hua 11/125，128）。

其次，更加重要的是，胡塞尔的先验分析并不能简单地给出一个对于对象构成的阐明。比如，在《观念I》里，胡塞尔局限于对被构成的对象和构成性的意识之间关系的分析。他阐述了对象的被给予性以哪种方式以主体性为条件，但是没有强调经验并不是以和对象相同的方式（有角度地）而被给予的，他并没有进一步追问主体性自身的被给予性的问题。但是，这样的沉默在现象学上是不可接受的。只要主体条件的被给予性仍在晦暗中，那么，对于以其为条件的对象的显现的分析就必将缺乏基础。胡塞尔意识到这一点，并且在《观念I》中，他明确地承认留下了一些最困难的问题，即那些和内在时间意识相关的问题。并且正如他所补充的，只有对时间意识的分析才能揭示真实的绝对者（Hua 3/182）。胡塞尔谈及现象学的绝对，并且，更一般地谈到构成现象学基石的时间性分析，这正是因为它无论如何不能被看成仅仅是对对象的时间性的被给予性的研究。它也是对意识自身的时间性的自身被给予性的阐述。

一、原初印象-滞留-前摄

什么是时间？在日常生活中，时间以各种方式被言说。人们说宇宙已经存在了数十亿年；在地质学上我们可以说最近的古生代时期，即二叠纪，持续了大约4100万年；人们也能谈论中世纪；人们也能够谈及德国从1940年4月9日开始的对丹麦的占领；人们也能够说列车在22分钟后离开。换言之，在日常生活中，人们理所当然地认为存在一种可确定时代的、可测量的、历史的、宇宙的时间。然而，胡塞尔的分析并不首要地关心这些时间形式，尽管他从来没有否认过人们能够谈论一种客观时间。他只是认为，简单地假设时间具有那种客观的地位，在哲学上是不可接受的。现象学相关的问

第三章　晚期胡塞尔：时间、身体、主体间性和生活世界

题是，时间如何以这样一种有效性显现，它是如何以这样一种有效性被构成的；然而，为了开始这个分析，必须进行一个悬置。我们必须悬置我们对客观时间的存在和本性的朴素信念，并且代之以我们直接熟悉的时间类型为出发点。我们必须转向被经验到或者被体验到的时间。

为了研究时间意识的作用和结构，胡塞尔抛弃了他所偏爱的树和桌子的例子，并转而开始采用被他称为时间性对象（Zeitobjekte）的东西，即具有时间延展并且其不同的方面不能同时存在，而必须跨越时间才能显现的对象，例如旋律（Hua 10/23）。中心问题是：我如何能够经验到这样的对象？胡塞尔的根本观点是，如果我们的意识只能意识到在点性现在（punctual now）被给予的东西，或者意识流像一串珍珠一样，最终只是被一系列分离的"现在-点"所组成，那么我们对于时间性对象的经验（以及我们对于变化和连续的经验）就是不可能的。如果确是这样，也就是说如果我们只能够意识到当下被给予之物，那么我们实际上就无法意识到任何带有时间性延展的东西，即任何持续存在之物。事实显然并非如此，所以，最终我们只能承认，我们的意识无论如何也能够包含比当下被给予的更多的东西。我们能够共同意识到（co-conscious）刚刚存在过的，也能够意识到即将发生的。然而，还存在着这样的决定性问题，即我们如何能够意识到不再或仍未向我们的意识呈现的呈现者？

根据布伦塔诺，正是我们的想象使我们能够超越点性现在（punctual now）。我们感知到当下出现者，并且想象到不再出现者或仍未出现者。然而，胡塞尔拒绝了这个提议，因为他认为，这意味着一个反直观的观点：我们不能够感知到具有时间性延展的对

象，我们只能想象它们。因此，布伦塔诺的理论看来不能说明这样一个事实，即我们显然能够听到，而并非仅仅想象到一段音乐或者一整段对话。

胡塞尔自己的选择是坚持在场的宽度（*width of presence*）。让我们想象我们正在听由 C、D、E 三个音组成的三和弦。如果我们集中于这个知觉的最后一部分，即 E 发出声音时的知觉，我们并没有发现一个只会意识到 E 这个音的意识，而是发现仍然意识到先前的 D 和 C 两个音符的意识。不仅如此，我们还发现意识仍然听到先前的两个音符（它既不想象也不回忆它们）。这并不意味着在我们对当下的 E 这个音和我们对 D 和 C 的意识之间不存在区别。D 和 C 与 E 不是同时的，相反，我们经验到一个时间性的连续。D 和 C 是已经存在过的音，并且被感知为过去（*perceived as past*），因此我们才能实际上经验到具有时间性持续的三和弦，而不仅仅是那些突然地相互取代的孤立的音。① 因为意识并不仅仅停留于现在，我们才能够感知时间性对象。我们不仅仅感知到三和弦的现在-阶段（now-phase），而且也感知到其过去和未来阶段。

让我引入胡塞尔所使用的技术性术语来描述这个情况。首先，胡塞尔分析了仅仅指向对象的现在-阶段的具体行为这一环节。他把这个环节称为原初印象（*primal impression*）。就其单独来说，它并不能给我们提供对时间性对象的知觉；实际上，它只是从不单独

---

① 知觉的确切范围取决于我们的兴趣。如果我们聆听一段（简短的）旋律，我们可以说，在它时间性延展中听到了整个的旋律，但如果我们注意单个的音符，那么，一个音符在被一个新的音符所取代时，就不再被知觉到了（Hua 10/38）。

显现的行为的一个抽象的组成部分而已。原初印象必须被置于一个时间性的视域里;且必须被滞留(retention)所伴随,滞留是一个意向,这一意向给我们提供对象刚发生过的阶段的意识;它也必须被前摄(protention)所伴随,即一个对象将要发生阶段的或多或少不确定的意向(Hua 9/202, Ms. L I 15 37b)。因此,胡塞尔认为,我们总是以某种暗含的和非主题的方式期待将要发生者。这个期待是我们经验的现实部分,这可以由以下的事实说明,当一个蜡像突然运动,或者当我们打开的门里掩藏了一面石墙的时候,我们就会感到惊奇。只有在已具有某种期待的情况下,说惊奇才是有意义的,既然事物总是能够使我们惊奇,我们便总是有一个期待的视域(Hua 11/7)。

滞留和前摄都必须和严格意义上的(主题性的)回忆和预期区别开来。刚刚响过和即将响起的音调的保持(滞留)以及延伸(前摄),与回忆过去的假期或期盼下一个假期之间存在着明显的区别。后两个意向是预设了滞留和前摄作用的独立的意向行为,而前摄和滞留是一个正在发生的经验的非独立的环节。它们不给我们提供新的意向对象,而是提供对在场(当下)对象的时间性视域的意识。如果我们对比滞留和回忆,那么前者是一个直观,即使它是对不在场者,即某种曾经存在之物的直观(Hua 10/41, 118)。相对地,回忆是某种指向已经完成了的过去的事件的再当下化的意向行为(Hua 10/333)。[1] 尽管所谓的滞留修改(retentional modification)是

---

[1] 杜瓦尔(Duval)认为,滞留自身不能引向对过去的知觉,而只能引向对持续的意识。严格的过去是在遗忘和回忆之间的辩证法中被构成的。

某种没有我们主动参与而发生的被动过程,回忆却是我们自己可以发动的行为。①

既然知觉的表象功能取决于滞留的作用和它保留已成为不在场者的能力,那么,将直观被给予者等同于狭义上的在场者,即对象的点性的现在-阶段,将会是错误的。正是部分地因为这个原因,胡塞尔认为,对滞留的分析已经引起了现象学领域的重大扩展(Hua 11/324-325,13/162)。胡塞尔对滞留决定性的作用的认可是否真的让他承诺一种在场的形而上学,这是我稍后会处理的问题(参见边码第93页)。

让我强调一下,原初印象(也被认为是原初表象)是胡塞尔表述我们对对象的现在-阶段的意识的术语,而不是表述现在-阶段本身的术语。实际上,区分对象的不同阶段和意识的以下结构:原初印象-滞留-前摄(Hua 10/372,Ms. C2 IIa),这是非常重要的。滞留和前摄对于原初印象来说,并非是过去的或者未来的,而是和它"同时"的。每个意识的现实阶段都包含原初印象(A),滞留(B),和前摄(C)(Ms. C3 8a)的结构。这种三合一的沉浸中心的(ecstatic-centered)结构的相关物,是对象的现在阶段(02),过去阶段(01),和未来阶段(03)(参见图1)。对象的现在-阶段有一个视域,但它不是由滞留和前摄组成的,而是由对象的过去和未来阶段所组成的。②

---

① 但是,正如普鲁斯特《追忆似水年华》一书中著名的玛德琳蛋糕一例所表明的,还存在着不自觉地产生的记忆。

② 布拉夫(Brough) 1972,302,314-315。

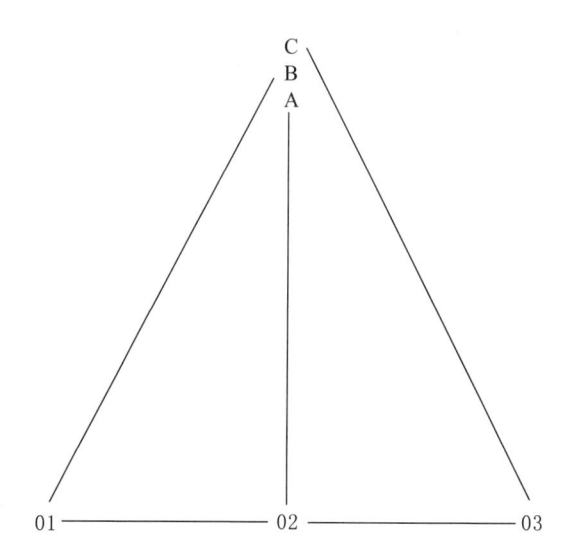

第三章　晚期胡塞尔：时间、身体、主体间性和生活世界　　*111*

```
                C
                B
                A



      01─────────02─────────03
```

图 1　原初印象-滞留-前摄和对象的不同时间性阶段的关系。

让我回到三和弦 C、D 和 E。当 C 被听到的时候，它被原初印象所意向。当其被 D 跟随时，D 在原初印象里被给予，而 C 现在被滞留所保留，而当 E 响起的时候，它在原初印象里取代了 D，而现在是 D 被滞留所保留。滞留不仅仅是对刚刚发生过的音的意识。当 C 被 D 跟随的时候，我们对 D 的印象性意识（impressional consciousness）便被滞留 C(Dc) 所伴随。当 D 被 E 所取代的时候，我们对 E 的印象性意识也被滞留 D(Ed) 所伴随，同时它也被保留在 D(Ec) 里的音的滞留所伴随（Hua 10/81, 100）。这可以清楚地从图 2 看出，水平线代表音列（C，D，E，F）；垂直线（即 F，E，Ed，Ec）代表意识的实际阶段，由前摄、原初印象和滞留所组成；而斜线（即 C，Dc，Ec，Fc）说明了一个具体的音在沉入过去的时候如何保持不变，尽管它的被给予模式在变化。原初印象和整个系列的滞留是"同时"的。但是，在原初印象里被给予者和在滞留里被意识到的东西是不同时的，被第一个滞留所保留的和在滞留的滞留中被保留的东西也是不同时的。乐音的顺序被保留下来。它们不是同时，而是依次地被给予。一个具体的音停止呈现，就变为过去。但是，它保持了它在时间顺序里的位置。我们可以说那个音总是位于时间中特定的某一点，但是，这点和实际的现在的距离却一直在增加（Hua 10/64）。乐音以一种不变的结构被置于时间顺序中，这一结构可以在回忆中不断地被记起和确认。这个事实对于胡塞尔来说，是走向客观时间构成和走向"钟表时间"构成的第一步。

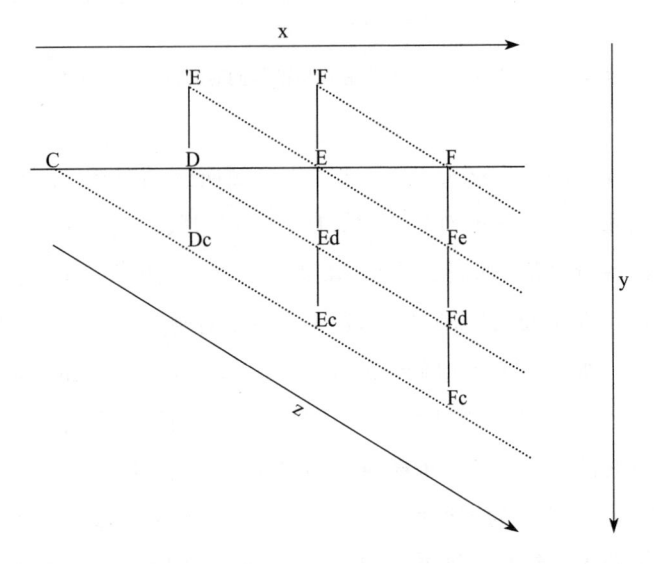

图 2　时间意识的结构。这个图是 Hua 33/22 中图表的一个略微简化版。

到此为止，我只描述了时间对象的构成，但是根据胡塞尔，我们对这些对象的知觉自身也是被时间性地构成的。我们的行为和经验自身也是经过产生、持续和消亡的时间性统一体。它们也是在原初印象的、滞留的和前摄的意向结构中被构成的,它们仅仅是在这个结构里才被给予并意识到自身(Hua 11/233, 293, 4/102, EU205)。因此,胡塞尔彻底化了他对构成的分析。并非仅仅是超越的对象是被构成的,主观行为也是被构成而显现的,困难的任务在于解释这个最后的、绝对的构成维度。到底是什么构成了意向性行为?

二、绝对意识

我们要提出的首要的和决定性的观点是:我们对在被构成性时间中(无论是对象的被构成的时间[客观时间],还是经验的被构成的时间[主观时间])被给予之物的意识,其自身并不在同一种时间中被给予,因为这样会导致无穷后退。如果时间-构成性的意识自身是在被构成的时间里被给予的,那么,就必须确立另外一个更高阶的时间-构成性的意识,并以此类推下去。正因为如此,胡塞尔否认了时间-构成性意识——也被其称为绝对之流——是和时间性构成的东西同时的(Hua 10/96, 371)。所谓同时性,就是假定一个共同的时间分母,但这正是我们所要避免的。这个绝对之流不被时间性改变所影响;它并不在客观时间里产生或者消亡,也不像时间性对象那样持存(Hua 10/113)。有时,胡塞尔谈论到绝对之流时,就好像它是非时间性或者超时间性的(Hua 10/112),[①] 但是这不应

[①] 参见黑尔德(Held) 1966, 116-117。

该被误解。绝对之流只有在不在时间里(*in*)的意义上才是非时间性的,而并非在与时间没有任何关联的意义上如此。相反,绝对之流总是在场,而这个绝对之流的停滞的现在(*nunc stans*)自身也是一种时间性。① 换言之,内在时间意识并不仅仅是对时间的意识(consciousness *of* time),它自身就是一个本性非常特殊的时间性过程。

因此胡塞尔进行了三种类型的时间性分析。显现对象的客观时间、行为和经验的主观或前经验的时间以及内在时间意识的前现象的绝对之流(Hua10/73, 76, 358)。

胡塞尔直到最后一直在尽力解决的决定性困难,是阐明主观时间和绝对之流的关系。他那些主要见于所谓 C 和 L 手稿里的反思,都很艰深且像谜一样相当难解。因此,我必须强调,我所提供的解释将会是尝试性的。

就我的判断所及,只有在下面情况下,我们才可能理解胡塞尔对主观时间与绝对之流关系的反思,即当这些反思与他对反思性与前反思性的自身觉知(self-awareness)关系的分析相关联时,也即,那种作为一种明晰的、主题性的、对象化的反思的结果而出现的自身觉知,以及那种刻画我们所有意识行为的、且作为反思性自身觉知可能性条件的暗含的自身觉知,这两者相联系的时候。② 现在,让我简短地讨论一下这个区分。

根据胡塞尔,作为一个主体就是为其自身而存在,也就是说

---

① 参见耿宁(Kern) 1975, 40–41。
② 对于这些不同种类的自身觉知的详细的讨论,参见扎哈维(Zahavi) 1999b。

要自觉地存在。因此,自身觉知不仅仅是在例外的情况下才发生的——即我们关注我们的意识生命时——自身觉知是某种刻画主体性自身的特征,无论它另外所意识和关注的是哪种世界的实体。①用胡塞尔的话来说:

> 作为一个主体就意味着处于一个觉知到自身的模式当中(Hua 14/151)。

> 一个绝对的存在者是以一个意向性的生命形式存在的——不论它所内在地意识到的是什么,它同时也是对其自身的意识。正是由于这个原因(正如我们更加深入地考虑时所能看到的),它在任何时候都有一种反思自身,以及反思它所有突显出来的结构的本质性能力——一种使其自身主题化,且给出与其自身相关联的判断和证据的本质性能力(Hua 17/279-280 [273,译文作过修改])。

> 每个经验都是"意识",而意识是对……的意识。但是,每个经验又自身被体验到(*erlebt*)②,并且在那种程度上,也是"有意识的"(*bewußt*)(Hua 10/291 [译文作过修改])。

---

① 我们可以找到很多关于这一作用的表述。比如 Hua 1/81, 4/318, 8/189, 412, 450, 13/252, 462, 14/151, 292, 353, 380, 以及 Ms. C 16 81b。
② 这里的体验和前面的经验在英语中都是同一个词,即 experience,但是在德语里是不同的。——译者

当胡塞尔宣称主体性本质上是自身觉知时,他并不是在支持一个关于总体的和不可错的自身透明度的、强的笛卡尔式论题,而仅仅是在引起对经验性现象和第一人称的被给予性之间紧密关联的关注,就像后来托马斯·内格尔(Thomas Nagel)和约翰·塞尔(John Searle)所做的那样。就他看来,经验的主观的或者第一人称的被给予性并非仅仅是附加给经验的一个性质,就其自身来说也非一个修饰。相反,正是它构成了经验的存在模式。物理对象无论实际上是否向主体显现,它都会存在,与之相反,经验在本质上就被其主体性的被给予性所刻画,也被对它们有一个主观性的"感觉"这一事实所刻画。经历一个经验必然意味着要有某些"像……一样"的东西使主体拥有这种经验。① 但是,只要是有某些"像……一样"的东西使主体拥有了这种经验,那么对这些经验自身也必须有所觉知。简单地说,必须存在某些最小形式的自身觉知。实际上,作为有意识的而非像在昏迷中那样,就正是在直接和非推论性地对自身正在发生的经验有所意识。在这个第一人称的被给予模式上对经验熟悉,就是拥有了某种原始类型的自身觉知,并且,依照这个说法,唯一缺少自身觉知的一类经验可能是某种主体对其没有意识的经验,即"无意识的经验"。

如果我们现在转向反思的问题,胡塞尔认为反思行为——例如对"对一把瑞士军刀的当下感知"的明显的意识——是在双重意义上被奠基的(*founded*)。它并不呈现给我们一个自身封闭的主体

---

① 参见塞尔(Searle) 1992, 131-132, 172;内格尔(Nagel) 1974, 436;内格尔(Nagel) 1986, 15-16。

性,而是一个指向对象的、自身超越的主体性,它因此预设了对象意向性的在先行为(Hua 15/78, 8/157)。另外,作为明晰的自身觉知,它也需要依靠一个在前的、暗含的自身觉知。利用一个可以追溯到《逻辑研究》的对于感知(*Wahrnehmen*)和体验(*Erleben*)的术语区分:人们先于反思感知到意向对象,但意向行为是被体验到的(*erlebt*)。尽管我没有意向性地指向这个行为(这只有在随后的反思中才发生,此时行为已经被主题化了),它仍然不是无意识的,而是有意识的(Hua 3/162, 168, 251, 349, 9/29),也就是说,它以某种暗含的和前反思的方式被给予(Hua 4/118)。

根据胡塞尔,我们的行为都是隐含地自身觉知的,不过,它们也都能被反思。它们能够被反思,并由此被关注(Hua 4/248)。对这个过程的特殊的意向性结构的考察,能够证实与反思的被奠基地位有关的这一论题。反思性的自身觉知常被当作一种主题性的、被表述的和强化的自身觉知,通常是为了要使原初的意向行为成为焦点而被发动。但是,为了能够解释反思的发生,下面的条件是必要的:那要被揭示的和主题化的应是(非主题的)在场的,否则,就没有任何东西能够发动和引起反思行为。正如胡塞尔指出的那样,反思的本质就在于把握那先于把握而被给予的东西。反思被揭示所刻画,而非被产生自身的主题所刻画:

> 当我说"我"时,我在一个简单的反思中把握自己。但是这个自身经验(*Selbst-erfahrung*)就像任何经验(*Erfahrung*)一样,特别是像每个知觉一样,只是将我自己指向那些已经为我而在那里的、已经有意识的、但既没有被主题性地经验到,也

没有被注意到的东西(Hua 15/492-493)。

每当我反思的时候,我总发现自己和某种被影响的或者积极的东西"处于关系"之中。那与我相关联之物是经验性地有意识的——为了让我能够将自身与其相关联,它已经作为"生活体验"为我在那里存在了(Ms. C 10 13a)。[1]

简单地说,反思并不是一种自成一系的(sui generis)行为,它不是显现于无,而是像所有的意向性行为那样,预设了动机(motivation)。根据胡塞尔,被驱动(motivated)意味着被某物触动(affected),并且对它作出回应(Hua 4/217)。我能够将自身主题化,是因为我已经被动地自身觉知了,我能够把握自身是因为我已经被自身所触动(Hua 6/III, 15/78, 120)。

当我开始反思时,那驱动反思的和被把握到的已经存在一段时间了。被反思到的经验并非当我开始关注它的时候才开始,它不仅仅是作为仍然存在的被给予,并且也主要地是作为已经存在的被给予。同一个行为现在被反思性给予,被作为在时间里的持续给予我——也就是说,作为时间性的行为被给予(Hua 3/95, 162-164)。当反思开始的时候,它开始把握到某种刚刚消逝的东西,即被反思到的行为的驱动性阶段。这个阶段之所以能够被随后的反思所主题化,是因为它并不消失,而是被保留在滞留里,正因为如此,胡

---

[1] 假如我不断反思我会发现自己与某物相关,会成为受刺激的亦即能力的东西,我与之发生关系的那个东西通过体验而被意识到。它对我而言乃是作为体验的东西,通过体验我方能与之发生关系(Ms. C 10 13a)。

塞尔才能宣称滞留是反思的可能性条件。正如他写到的,正是因为滞留,意识才能够变为一个对象(Hua 10/119)。换言之,只有一个时间性视域已经被建立,反思才可能发生。

这将我们带回到时间性,以及绝对流动(absolute streaming)的内在时间意识和被时间性构成的行为之间的关系的问题。我们应该怎样设想这个关系?一种可能性是通过与意向行为和意向对象之间的关系做类比来设想这个关系。就如我们必须区分被构成的对象和让它们得以显现的构成性行为那样,我们也必须区分被构成的行为和让它们得以显现的更深层的构成性时间意识。因此,正是绝对流动的内在时间意识,使我们意识到存在于主观时间里的、作为时间性对象的行为。这是长久以来占据主流的解释,但我觉得这是有问题的。[①]

胡塞尔的分析面临的一个问题,是无穷倒退的威胁。当胡塞尔宣称意向行为是在内在时间意识里被构成的时候,他的意思并不是行为被主体性的其他部分带入被给予性。内在时间意识是对行为的前反思的自身觉知,那么,说行为在内在时间意识里被构成,仅仅意味着它是因为其自身才被带入觉知。它被称为内在时间意识是因为它属于行为自身的最深层的结构。换言之,胡塞尔对内在时间意识结构(原初印象-滞留-前摄)的描述,可以被看成对我们行为和经验的前反思性自身展现的结构的分析。因此,胡塞尔的立场相对来说是明确的:意向行为意识到某种不同于其自身的东

[①] 这一解释被布拉夫和索克洛夫斯基所支持。详细的讨论和批评,参见扎哈维(Zahavi)1998d 和 1999b。

西,即意向对象,但是这个行为也展现自身。这个对象通过行为而被给予,并且如果没有对这个行为的觉知,那么这个对象自身甚至不会显现。因此,行为除了是意向性的之外,还被它的"内在意识"(internal consciousness)、"元意识"(*Urbewußtsein*)和"印象性意识"(impressional consciousness)所刻画,这三个不同的术语表达的是同一个东西(Hua 4/118-119, 10/83, 89-90, 119, 126-127, 23/321)。

主体性是自身时间化的,用胡塞尔自己的比喻来说,其自身被作为流动经验里的波浪原初地被给予,这一被给予伴随有意向行为(Hua 10/75,Ms. C17 63a)。原初地,意向行为是自身时间化之流的环节,并且因此,并非时间性地构成的独立和持续的对象。只有当我们开始主题化这些行为时,无论是在反思还是回忆中,它们才作为在主观的、前后相继的时间里的对象被构成。① 在反思之前,并没有对内在对象的觉知,就如在行为的被给予性与这个意识流的自身显现之间没有区分那样。至于被反思客观化的行为,它们也不能与这个意识流分离开来,因为它们除开是意识流自身的反思性的自身展现之外什么也不是。也就是说,绝对的体验之流与被构成的、被反思性地主题化的行为之流并非是两个分离的意识流,而仅仅是对同一个东西的不同的展现。因此,胡塞尔才能够写道:

> 我们说,我在我的生活(living)中是我所是。而这个生活

---

① 支持这一解释的段落,参见 Hua 4/104, 10/36, 51, 112, Ms. A V 5 4b-5a, Ms. C 10 17a, Ms. C 16 59a, Ms. C 12 3b, Ms. L I 19 3a-b, and Ms. L I 19 10a。

是一个生活体验（*Erleben*），而它被反思性强调的这些单一环节，只要有这样或那样的东西在其中被体验到，就可以被叫做"生活经验"（*Erlebnisse*）(Ms. C3 26a)。[1]

通过内在时间意识，人们不仅能够觉知到意识流（前反思性的自身觉知），并且也能够觉知到作为在主观时间里被划分出的时间性对象的行为（反思性的自身觉知），以及在客观时间里的超越性对象（意向性意识）。内在时间意识，简单来说，只是对我们经验的前反思性的自身觉知的另一个称呼，一个自身并非意向性行为、时间性单位或者内在对象的流动的自身觉知（Hua 10/127），而是我们意识的一个内在的和非关系性的特征。因此，并不产生无穷倒退：

> 构成内在时间的意识流不仅仅存在（*exists*），而且如此显著而又明晰地被塑造，以至于这个意识流的自身显现也必然地存在于其中，并且因此，这个意识流自身也必然地在这个流动中是可理解的。这个意识流的自身显现并不要求另外一个意识流；相反，它自在地（in itself）将自身构成为一个现象（Hua 10/83）。

简单地说，有必要区分行为的前现象的存在，即其先于反思性的主题化的存在，和其作为现象的存在（Hua 10/129）。行为的前现

---

[1] "Wir sagen, ich bin, der ich bin in meinem Leben. Und dieses Leben ist Erleben, seine reflektiv als einzelne abzuhebenden Bestandstücke heißen rechtmäßig 'Erlebnisse', sofern in ihnen irgendetwas erlebt ist"(Ms. C 3 26a).

象的存在，其前反思性的自身显现的原初模式，不能够被一种固守主体和客体、行为和对象、经验和被经验等等区分的思维所把握。在得出这些结论的同时，胡塞尔远离了一个迄今为止非常根本的原则——即，构成的和被构成的属于两个本质性地不同的维度。这一在对象-意向性领域有效的原则，在主体性自身显现的领域内就无效了。

正如已经指出的那样，胡塞尔对时间的研究属于他最艰深但是却最根本的分析，而且这个主题对于后-胡塞尔现象学来说也仍是非常重要的。让我提一下后来被讨论的许多问题中的一个。如何使时间意识的绝对之流对于现象学描述敞开？现象学描述基于反思，但是，反思通常被认为是一个主题化（*thematizing*）的和对象化（*objectifying*）的过程。反思以捕捉前反思的运作的主体性为目标，但它是否总是到达得太迟呢？至少，胡塞尔经常将绝对地构成性的主体性描述为保持匿名的（*anonymous*）状态（Hua 9/478，14/29）。并且我们正在谈论的，是某种无论是通过反思还是还原都永远无法取消的匿名性。

这个结论影响了现象学的可能性。关于主体性最根本的构成性维度、意向性生活来源的研究，要作出一个符合胡塞尔自己方法论原则的忠实的现象学描述，似乎是不可能的，特别是当这个描述要符合所谓的诸原则之原则——我们原初的给予性的直观必须成为所有知识的源头——的时候（Hua 3/51）。我们不能将我们所有的思考都建立于在某种现象学反思下被直观地给予的东西，因为反思永远不能把握进行着的生活，而总是来得太迟。要么现象学已经达到了它的界限，要么诸原则之原则的有效性必须被重新评价。

第三章 晚期胡塞尔：时间、身体、主体间性和生活世界

所能确定的是，对绝对之流那种完全不同于其他任何对象的描述，使语言伸展至其极限。① 这再三被胡塞尔显要地申明，他不断地强调我们所能够支配的语言的根本性不足。我们谈论绝对主体性和被构成者的一致（一个对"在分析绝对主体性时与其构成的东西严格区分开来不仅是不可能的——也是根本上误导性的"这一论题的强有力的肯定），且用适合于时间性对象的谓词来描述它。例如，我们说它是流动的、停滞的和在场的。尽管严格来说，它既不在现在存在，也不在时间里延伸。但我们就是缺乏更合适的词语（Hua 10/75，Ms. C 3 4a，Ms. C7 14a）。② 更一般地说，胡塞尔很清楚，对体验的主体性研究被各种各样的困难所包围。正如他在贝尔瑙手稿（Bernau manuscripts）的某一段里写道：

> 在这个意义上它（即，这个"我"）不是一个"存在者"（being），而是对所有存在者的反题，不是一个对象（counter-stand）而是所有客观对象的元对象（proto-stand, Urstand）。这个"我"不应该被称为"我"，它不应该有任何称呼，因为那样它就已经成为了对象；它是那不可说的无名者，不是停滞的、浮动的，也不是存在于任何东西之上的，而是作为理解者、评价者等等而"运作"（Hua 33/277-278）。

---

① 布拉夫（Brough）1987，23。
② 值得注意的是，在《存在与时间》的开头，海德格尔作了一个相似的论断。正如他所写的："至于以下分析中的笨拙和粗俗，我们可以说，陈述性的叙述存在是一回事，在他们的存在中把握存在是另一回事。对于后一种任务，不仅缺乏关于它的大部分言词，且首要的是缺乏'语法'"（海德格尔[Heidegger] 1986，38-39）。

正如已经提到的那样，我们这里所处理的是一个从此占据了现象学家们的问题。下面总结一个共同的洞见：人们不能够以研究对象的方式来分析和揭示那个主观性的维度。正因如此，以下的观点便是错误的，即因为现象学在它必须阐明绝对的主体性时而离开它通常的原则，就认为它是不成功的。必须意识到，功能性主体性的匿名性和晦涩性并没有揭示出现象学方法出发点的荒谬性，或其方法本身的无用性，而仅是揭示了被研究者的本性。①

三、视域和在场

以考察一个针对胡塞尔的最普遍的指责，即他是一个**直观主义者**(*intuitionist*)这一指责，来结束我们对时间性的讨论将会是自然的。这个批评通常由解释学和解构主义阵营提出，而针对的障碍经常是胡塞尔关于无前提哲学可能性的主张。

更一般地说，胡塞尔的现象学经常被当作某种称为**在场的形而上学**的经典例子。也就是说，认为胡塞尔将主体性规定为纯粹的**自身在场**，并将意义、真理和实在等同于能在直观上被直接给予主体的东西。

对此，有着诸多反驳。有些人宣称，主体的自身被给予性从来不是直接的，而总是以时间、世界、语言、身体和主体间性作为中介的。其他人认为，如果不将语言和传统纳入考察，我们将无法充分地说明意义、真理和实在；我们被置于一个总是超越个体的传统之中。最后，在一个更根本的水平上，人们也宣称，在场这个概念

---

① 黑尔德(Held) 1966,77,160。

本身远远不是简单和首要的,而是预设了结构性的复杂性。归根结底,是差异和缺席(absence)构成了在场,而非相反。

对于前两个反驳来说,它们将被我对胡塞尔对于身体、主体间性和生活世界的分析这一讨论来间接地回答。正如我们将要看到的,胡塞尔无论如何也没有屈从于对在场概念的朴素的崇拜。相反,他很清楚地意识到,即使表面上看来是最直接的经验,也可能被早先的经验和获得的知识所渗透和影响。在1917-1921年间,胡塞尔开始区分他称为静态的(*static*)现象学和发生性的(*genetic*)现象学。静态现象学是我们在比如《逻辑研究》和《观念I》这些书里所遇到的那种现象学。它的首要任务是说明行为和对象之间的关系。它通常以某个特定领域的对象作为出发点(例如,观念性的对象和物理对象),然后研究相关于这些对象以及构成这些对象的意向性行为。这种研究的特征必须是静态的,因为对象和意向结构的类型都被当作是已经可用的。但是胡塞尔最终认识到,这些类型的对象和意向性结构自身都有起源和历史。胡塞尔谈论某种沉淀(*sedimentation*),描述某些理解和预期的类型如何逐渐地被建立并且影响到后来的经验。某些类型的经验(例如,前语言的经验)是后来更加复杂类型的经验(例如,科学探索)的条件,而发生性的现象学的任务正是探索这些不同形式意向性的起源和形成(Hua 11/345)。(然而,应该注意到,胡塞尔关注的是那些意向性形成所必须遵循的本质性结构。他对任何事实性的[个体的或者系统发生学的]发生都不感兴趣。)

另外,这两个反驳都部分地不得要领。首先,他们将在"意识如何觉知到自身?"这一形式意义上的自身被给予性,与在"我是谁?"这一实际意义上的自身知识混淆了。第二,当胡塞尔谈及对现象进行无前提的描述时,这不应被理解为一种非概念和非理论的说明,而仅仅应被看作是由事情本身、而非各种可能遮蔽和扭曲所要分析内容的外在考虑所决定的描述。当然,胡塞尔所关心的"事物"并非是像硬币、海葵、电视机或者 x 光图片那样的具体对象,而是对现象的根本结构和现相的可能性条件的区域-本体论的和先验的哲学分析。正如我们已经看到的那样,胡塞尔绝没有把这当成一个简单的任务。相反,它要求许多方法论的操作,许多还原或者破坏(*destruction*,或者用现象学传统里来的、胡塞尔已经多次使用的另一个词,即解构[*deconstructions*, *Abbau*]),因为作为一个对象、一幅画、一种价值、或某些真实的东西,或者仅仅是想象的东西,它们到底真正意味着什么,我们对其的了解常被传统的偏见遮蔽和扭曲。

现在,让我以对最后一个反驳的一些评价来结束这一节,这个反驳触及到了在场的复杂性。

正如已经提到的那样,胡塞尔确实赋予直观一个具有特权的地位。如果我们比较我对一棵开花的苹果树的知觉和我对它的回忆或者想象,那么在三种情况下,我们都确实指向了一棵开花的苹果树(而不是指向苹果树的心灵图像或者摹本),但是,这棵开花的苹果树在三个行为中的显现方式,有着重大的区别。在空洞地意向苹果树的意向和已经被知觉性地给予了的苹果树所充实的意向之间,是存在区别的。胡塞尔因此宣称,在直观下,苹果树最原初地被给予,它是"活生生的自身被给予"(*leibhaftig selbstgegeben*),而在回忆或者想象中,我们缺少那种在场。在后两个行为中,苹果树的给予性是间接的。例如，从回忆和想象的意向结构都指向知觉这一事实，就可以很清楚地看出这点。举例来说，一个回忆对胡塞尔来说是某种对先前知觉的意识，并且它在那个意义上，其作为被给予性的衍生模式，包含一种对原初直观的指涉。

所有这些看起来好像都支持将胡塞尔的观点归为某种在场的形而上学这个论题。对象越直接地向主体显现，它就越是在场。而它越是在场，也就越真实。这个观点最终在胡塞尔对这样一个事实的不断的强调中达到顶点，即对象的存在（*existence*）（它的存在，*being*）与它对一个主体的直观性的被给予性是相关的。将一个虚构的对象和一个存在的对象区分开来的，正好是后者能够亲自地直观地显现这一事实。

但是，也像我已经指出的那样，还有一个"但是"，即胡塞尔总是强调被感知对象的超越性。对象并非我的知觉行为的一部分，这可以从对象总是有角度地和视域性地被给予这一事实明显地看出来。当我看见一棵苹果树时，有必要区分显现者和现相自身，因为苹果树从来不在其总体性内被给予，而总是从某个有限的视角被给予。那棵苹果树从来不是包括前面、后面、下面和里面那样整体地、直观性地被给予，即使在最完善的直观里也不行，它总是只给出一个侧面。然而，我们所意向和经验的（通常）是整个显现的对象，而不是直观地被给予的侧面。重要的问题是：这是如何可能的？

尽管实际上，苹果树只有一个单独的侧面被直观性地给予，但是我们还是感知到苹果树自身。根据胡塞尔，其原因在于被他称为视域性的意向性（*horizonal intentionality*）的作用。胡塞尔宣称，我们对于对象在场的侧面直观性意识，总是伴随着对对象缺席的侧面的视域的意向性意识（Hua 6/161）。假如我们仅仅指向直观地被给予者，就不可能有任何对于整个对象的知觉性意识：

> 那些不恰当地显现的客观规定（objective determination）被共同把握（co-apprehended），但是，它们没有被"感性化"（sensibilized），没有通过可感知者，即没有通过感觉的质料被呈现。很明显，它们被共同把握了，否则的话，我们的眼前就不会有任何对象，即使是一个侧面也不可能，因为这个侧面只有通过这个对象才真正是一个侧面（Hua 16/55）。

> 每个时空性的知觉（通常被称为"外知觉"）都可能是欺骗性的，尽管它是一个知觉，根据其自身的意义，就是对物自身的直接把握。根据其自身的意义它是预期性的——而预期（*Vorgriff*）与某些被共同意向者相关联——并且，以这种极端的方式，即使在被知觉性地作为自身被给予的内容那里，经过更贴近的考察，也会存在预期的元素。实际上，知觉里没有任何东西是被纯粹地和充分地感知到的（Hua 8/45。参见 9/486）。

不去低估胡塞尔的论证是非常重要的。他不仅仅在论证，每个对于对象的知觉都必然地包括比那直观地在场者更多的东西；为了把某物当作一棵树而看见，我们就必须超越那被直观性地给予的侧面，并且，非主题性地共同意向那棵树的缺席侧面（因为这个原因，用胡塞尔的话来说，每个知觉都蕴涵一个"外指"［*Hinausdeutung*］［Hua 11/19］）。换言之，只有在在场（直观性地被给予的侧面）和缺席（未直观性地被给予的杂多的侧面）的相互作用下，这棵苹果树才能够作为一个在直观上被给予的超越对象而显现出来。① 最终，胡塞尔还宣称，被直观地给予的侧面，仅仅是因为它与对象缺席的侧面的视域性关联才呈现对象，仅仅是因为它在一个（缺席者）视域里的嵌入，在这个视域里在场的侧面才作为在场的侧面被构成。然而，胡塞尔决不会走到将优先性归于缺席这一步。那种认为存在一个不对某人缺席且不与某些在场者相关联的缺席的看法，在现象学上是很难被辩护的。

强调胡塞尔意向性理论中这个视域概念所扮演的重要角色是非常重要的。并非仅仅我们主题性地经验到的对象的方面才是视域性地被共同给予（co-given）的。对象正是被置于一个远远地伸展了的视域中的。一个我正感知到的柠檬，躺在被不同的厨具所包围的厨房桌子上。在后面，水龙头在滴水，透过厨房的窗户我能听见玩耍的孩子的呼叫。当我关注这个柠檬时，我或多或少共同意识到了它的周围环境，并且，实际上被感知到的东西和其共同意识到的环境也被对一个模糊和不确定的视域的指涉所渗透（Hua 3/57）。我们这里所面临的是一个没有穷尽且永远不能完全主题化的世界视域（*world-horizon*）。

如果我们转向主体的自身被给予性，就会再次遇到关于纯粹的在场是不可能的这个观点。正如我已经提到的，原初印象总是被置于一个时间性的视域里。活生生的现在具有一个三重结构——原初

---

① 正如我将通过对胡塞尔主体间性理论的陈述所会弄清的，胡塞尔还认为，客观性和现实性不能通过对自足的主体的最佳呈现来定义。相反，我们所面对的是那总是被他者的他异性所中介的有效性的形式（参见边码第115页）。

印象-滞留-前摄——这就是胡塞尔为什么写到每个意识都有滞留和前摄视域的原因(Hua 11/337)。也正是因为同一个原因,不存在孤立的原初印象,也不存在纯粹的自身在场。

到目前为止,胡塞尔是一位典型的在场哲学家的说法,应是越来越站不住脚了。让我以单独的补充说明来收束这一题外话。

滞留不仅保留音调,而且也保留原初印象,这是胡塞尔的重要发现之一。如果 P(t) 是一个音调的原初印象的名字,那么当一个新的原初印象发生时,P(t) 就在滞留 Rp(t) 里保存下来。正如这些符号所表明的那样,不仅仅音调被保留了下来,我们对这个音调的意识也被保留下来。换言之,意识流的现在阶段不仅仅保留刚刚存在过的音调,而且还保留这一意识流正在消逝的部分。[①] 结果,持续的对象和流动意识一起被给予,并且只有在这种互相依赖的方式下才能够显现。当我意识到我的对象的延续时,我才能够前反思性地觉知到我的意识流,反过来也如此(Hua 10/83)。换句话来说,当意识与某些和自身不同的东西相关联的时候,它才能时间性地被自身给予(Hua 14/14, 379)。不过,当然,这一点已经在胡塞尔的意向性理论中提出了:

> "我"如果没有与之意向性地相关联的"非我",将是不可设想的(Hua 14/244。参见 13/170, 14/51, 13/92)。

然而,如果主体的自身被给予性伴随着和他异性(alterity)的相遇,

---

① 布拉夫(Brough) 1972, 319。

主体性就不能被规定为纯粹的自身在场。又一次,认为胡塞尔支持一种朴素的在场哲学这个观点被最终证明是错误的。①

第二节 身体

正如我多次提到过的,胡塞尔对知觉分析的一个深刻的特征,是他对知觉性(时空性的)对象的角度性的(perspectival)被给予性的反思。对象从来不在其总体性中,而总是在某个特定的侧面中被给予。对这个看似平凡的事实仔细考察将会揭示一些含义,这些含义对理解胡塞尔赋予身体的重要性有直接的相关性。这些反思可以被一直追溯到1907年开始的演讲课《事物与空间》(Ding und Raum)。

一、身体和角度性

每个角度性的现相不仅意味着显现的某物,而且也意味向之显现的某人。换言之,一个现相总是某物对某人的显现。每个角度性的现相总是有其属格和与格。② 当我们认识到空间性地显现之物总是从特定的距离和角度来显现的时候,下面这一点将会非常清楚:没有纯粹的观点,也没有无源之见(view from nowhere),只有

---

① 对胡塞尔时间哲学的更详细的讨论,参见布兰德(Brand) 1955;黑尔德(Held) 1966;德里达(Derrida) 1967a;布拉夫(Brough) 1972,1993;索克洛夫斯基(Sokolowski) 1974;贝奈特(Bernet) 1983;扎哈维(Zahavi) 1999b, 63-90。

② 有关这一恰当的措辞,参见普吕弗(Prufer) 1988,索克洛夫斯基(Sokolowski) 1978, 128,以及哈特(Hart) 1992, 162。

一种具身化(embodied)的观点。每个角度性的现相,都预设了经验着的主体在空间里自身被给予。由于主体正是因为其具身化而占有一个空间位置(Hua 3/116, 4/33, 13/239),胡塞尔才能够宣称空间对象只能够对一个具身化的主体(*embodied subject*)显现,并由其构成。① 身体的特征是作为零点在每个知觉经验里都在场,作为对象都朝向的索引性的(indexical)"这里"。(自我中心的)空间就是围绕着这一中心,并且在与它的关系中展开自身(Hua 11/298, 4/159, 9/392)。最终,胡塞尔论证说,身体是对空间性对象的知觉以及与其作用的可能性条件(Hua 14/540),并且每一个世界的经验都以我们的具身化作为中介,并因其而可能(Hua 6/220, 4/56, 5/124)。

当胡塞尔不仅仅把身体的功能作为定位的中心而分析,而开始考察身体的运动性(*mobility*)以及它在构成知觉性实在的作用时,这些关于身体作为知觉性意向性的可能性条件的反思,便得到了深化。正如詹姆斯·吉布森(James Gibson)所指出的,我们用位于头上"可移动"的眼睛来观看,头能够转动,且附着于能够从一个地方移动到另外一个地方的身体上;静止的视角仅仅是运动的视角的一

---

① 虽然我的知觉性对象(以及在场和缺席的侧面之间的隐含差别)的视域性显现,的确与我被置于中心的"这里"的存在相关联(Hua 4/158);且虽然由于原则上任何知觉着的主体都不可能同时被置于"这里"和"那里",对象也的确仅仅是被视域性给予的,但由此便得出对象的视域性给予仅仅显现了观察者的有限性或肉身性这一结论,却是错误的。众所周知,胡塞尔拒绝任何对于空间结构的人类学解释。最终,是对象的本体性的结构(它的超越性和世界性)使得以下这一点成为必要,即它只能被给予一个被置于"这里"的主体。正如胡塞尔在《观念 I》中所宣称的,甚至上帝(作为绝对知识的理想的代表)也必须通过侧显(adumbrations)才能感知到对象。

个限制性例子而已。① 以类似的方式，胡塞尔让人们注意到，运动（眼睛的运动、手的触摸和身体的走动等等）对于我们对空间和空间对象的经验所起的作用（Hua 11/299），并且，最终他论证说，知觉预设某种特定的身体性的自身敏感性（self-sensitivity）。我们对知觉性对象的经验，总是被共同起作用但非主题化的、对身体位置和运动的经验所伴随，这被称为动觉经验（kinaesthetic experience）。② 当我弹钢琴时，琴键是结合着对手指运动的感觉而被给予的。当我看一场赛马时，奔跑的马是结合着对眼睛运动的感觉被给予的。这种动觉的经验等同于某种形式的身体性的自身觉知，并且根据胡塞尔，这不能仅仅被当作伴随性的现象。相反，在构成知觉性的对象时，这是绝对不可缺少的（Hua 16/189，11/14-15，4/66，16/159，6/109）。

胡塞尔对这些问题的反思最初被以下的问题所驱动：是什么使我们能够将不同的现相认为是同一个对象的现相？是什么使我们能够在一系列变化的现相中感知到同一个对象？毋庸赘言，这些现相肯定有某些共同的性质。餐桌的反面的现相和干草堆正面的现相过于不同，以至于不能被当作同一个对象的现相。而就算性质上

---

① 吉布森（Gibson）1979，53，205。

② 这些对于动觉对空间性对象构成的重要性的分析散见于胡塞尔的著作，两处比较重要的在《事物与空间》（Ding und Raum）第四部分（副标题为"动觉系统对于知觉对象构成的意义"，"Die Bedeutung der kinästhetischen Systeme für die Konstitution des Wahrnehmungsgegenstandes"），以及《观念 II》第三章第一部分（副标题为"关于感觉性［aisthetischen］躯体的感性知觉［Aistheta］"［此处参考李幼蒸译的《现象学的构成研究》即《观念2》第三章标题］，"Die Aistheta in Bezug auf den aisthetischen Leib"），胡塞尔对这一主题的思考在很多方面不仅对吉布森，还有梅洛-庞蒂和拉科夫（Lakoff）的作品都有借鉴意义。

的符合，也仅仅是一个必要条件而非充分条件。毕竟，一张纸的正面和另外一张纸的反面也非常相配，但是我们还是认为它们是两个相似但不同的对象的现相（Hua 16/155）。另外一个必要条件是，这些现相被经验为属于同一个连续统一体。只有当不同的现相能够以一种连续的综合被给予，即诸现相之间存在一种光滑的过渡，不同的现相才被认为向我们呈现了同一个对象。根据胡塞尔，我们对这样一种连续性的觉知预设了动觉的作用。

让我以一个具体的例子来阐明胡塞尔的思路。尽管，实际上被给予的衣柜的正面与一个特定的身体位置相关，但是那些被共同意向着的、而此刻缺席的衣柜的其他侧面（它的反面、底部等等）的视域却与我的动觉视域相关，即和我可能运动的能力相关（Hua 11/15）。那些缺席的侧面连接着一个意向性的"如果–那么"的联结。如果我以这种方式移动，那么这个侧面将会变得可见或者可触摸（Hua 6/164）。衣柜的缺席的背面正是我正在感知的衣柜的背面，因为通过具体的身体运动，它能够呈现给我。

一个对象作为一个空间对象，其所有可能的侧面组成了与一个动觉系统相对应的系统。并且，这个系统以下面的方式和这个动觉系统整体相对应："如果"一些或者其他某些动觉按照常规进行，那么，与之相适应的特定的侧面"必然地"也按常规出现（Hua 9/390）。

正是在这个背景下，胡塞尔才能够宣称每个知觉包含一个双重的作用。一方面，我们有一系列的动觉经验，另一方面，我们有一系列受驱动的、功能性地和这些经验相关的知觉性现相。尽管动觉经验并不被解释为属于被感知的对象,尽管它们本身并不构成对象,但它们表明了身体性的自身被给予性,且由此揭示了与知觉性现相相关的统一体和结构(Hua 11/14)。动觉经验也给那些现象提供了融贯性,这使它们能够获得其对象指涉(object-reference),并使它们成为某物的现相(appearances *of* something)(Hua 4/66,16/159,6/109)。结果,我们或许能够说知觉性的意向预设了一个移动的、并因此是具有肉身性的主体(Hua 16/176)。[①] 简单地说,胡塞尔所提出的重要观点,并非是我们能够感知运动,而是我们的知觉本身就预设着运动。

二、作为主体的身体和作为对象的身体

一旦我们认识到身体,作为主体性的"经验的官能",在每种知觉中都起一种构成性的作用(Hua 4/144,11/13),我们还需要阐明主体性和具身化(embodiment)之间的关系,正如功能性的、主体性的身体(*Leib*)和被经验到的、客体性的身体(*Leibkörper*)之间的关系也需要分析一样。但是,我们立即遇到一个问题,即胡塞尔的整个论证看起来好像被一个恶性循环所威胁。如果身体自身就是一个空间性对象的话,又怎么能认为身体是空间性对象的构成性可能性条件呢?然而,胡塞尔一再强调作出下列区分的重要性:1)非主题性,前反思性地体验到的身体觉知,它伴随并且作为每个空间性经验的条件,和2)后来的、将身体作为对象的主题化的经验。我们

[①] 参见梅洛-庞蒂(Merleau-Ponty)1964,284。

需要在功能性的身体和主题化的身体之间作出区分，并阐明它们的奠基关系（relation of foundation）。我对身体的原初觉知并不是对身体作为空间对象的经验（Hua 13/240）。相反，我们这里所处理的是自身客观化——就像其他的知觉性经验一样——它是依赖并且取决于一个非主题性的、共同运作的身体的觉知：

> 这里还需注意的是，在所有对事物的经验里，活生生的（lived）身体作为一个功能性的、有生命的身体（因此不是作为纯粹的物）而被共同经验到。当其自身作为物被经验到时，它以两种方式被经验到——亦即恰恰是作为一个被经验到的物和一个功能性的活生生的身体，两者在一个身体里被共同经验到（Hua 14/57。参见 15/326，9/392）。

胡塞尔因此论证到，我并非原初地将自己的身体经验为在客观空间里的对象。身体并非角度性地被给予，且我也并非作为属于一个空间性对象里的东西而被给予自身。我并不原初地具有任何我的身体作为对象的意识。我并不知觉它，我就是它。原初地，我的身体被经验为一个行为和情感的统一的场域，一个意志结构，一个运动性的潜能，一个"我做"和"我能"（Hua 11/14，1/128，14/540，9/391）。当身体运动和行为的时候，是我在运动和行为（Hua 14/540）。换言之，将身体作为对象构建起来的行为不是被一个非肉身化的主体进行的。相反，我们所处理的是功能性身体的自身对象化。这个行为被一个已经是身体性存在的主体所施行。

作为空间性对象的身体的构成是怎样发生的呢？根据胡塞尔，

第三章　晚期胡塞尔：时间、身体、主体间性和生活世界

在一个客观的，即主体间性的公共空间的构成，和活生生的身体的自身对象化之间有着密切的联系。客观空间正是一个作为超越自我中心空间而被构成的空间。它的坐标不再被认为是取决于我的索引性的"这里"，而是独立于我的定位和运动的。但是，正是因为通过使身体对象化，通过将其看作只是属于其他对象里的对象，它的索引性（indexicality）才被克服或悬置，当我们拥有走过（through）空间的经验时，这些便已经发生了。作为同质坐标系统的客观空间的构成，最终预设了功能性身体的对象化，在这里，对我的绝对在此的索引性指向被悬置了。但是，这个对象化又是怎样发生的呢？

正如已经提到的那样，胡塞尔宣称，身体原初地是作为一个统一的意志结构，一个运动的潜能——作为"我能"和"我做"，而被给予的。随后，这个系统被分裂开，并且被理解为属于身体的不同部分，直到后来感觉才被局部化（localized），从而我们才面临经验的次级系统，如手指、眼睛、腿等等（Hua 4/56, 155, 5/118）。

如果我触摸一张桌子，我就面临一系列被理解为属于这张桌子的现相。当我的手滑过桌子时，我感到桌子的坚硬、光滑和广延。然而也有可能使注意力转向（一种反思），使得我不再全神贯注于桌子的属性，而是将触摸着的手主题化，然后，觉知到那些不被理解为手的客观属性的压力和运动的感觉，然而，那些感觉仍是局部地位于手上，手因而展现自己作为一个正在经验的器官的功能（Hua 4/146）。最终，同一个感觉能够以两种极端不同的方式被解释，即作为被经验到的对象的现相，和在相关的经验的身体部分的局部化了的感觉。(胡塞尔使用 *Empfindung* 和 *Empfindnis* 这对术语来命名这个二元)（Hua 15/302, 13/273, 5/118-119）。然而，正如胡塞

尔很清楚地意识到的那样，被触摸的对象和触摸着的手并不以同样的方式显现。尽管物质对象的性质是被预示性地构成的，局部化的感觉却并非如此（Hua 4/149-150）。正如胡塞尔十分恰当地评论的那样，"对触摸的感觉并不在皮肤里面，就好像它们是其部分的有机组织"（Hua 13/115）。实际上，感受（*Empfindnis*）根本不是手的物质属性，而正是具身化了的主体性本身。因此，与其说同一个感觉能够以两种不同的方式被解释，还不如说这个感觉包含两个极端不同的维度，即存在一个感觉（*sensing*）和被感觉（*sensed*）的区分，并且我们能分别关注二者。

在局部化的过程中，即在将感觉解释为从属于具体的身体部分时，动觉的感觉与视觉性地被感知到的身体的运动联系起来，这一运动，既可以被解释为一个意愿的意向的表达，又可以被解释为空间里的一个简单运动（Hua 15/268, 13/283）。为了对同一个运动的两种解释的差异进行尝试性的说明，我们可以比较对作为被看见的手势的经验和对作为被感觉到的手势的经验。视觉经验在把手对象化的过程中，将空间作为独立于手势存在的东西呈现——将其作为某种手在其中运动的东西——而动觉并没有给我们提供独立于对手势的经验之外的对空间的经验。空间正是被经验为手的运动的场域。

当我意识到我的手感觉到某物或者移动自己时，当我意识到我的脚踝抽痛或者背部疼痛时，我就在将感觉局部化到身体的不同部分。就其自身来说，这个局部化的过程并没有使我们面对作为对象的身体。当我的手触摸桌子，且我恰在关注这一触摸时，我所意识到的毕竟是一个经验着的（*experiencing*）器官而不是一个被经验的

(*experienced*)器官。然而，当身体将自身对象化的时候，例如我盯着我的脚，或者一只手触摸另外一只的时候，对象化就会发生。

因此，胡塞尔迫切地强调身体的这种独特的两面性（Hua 9/197，14/414，462，4/145）。我的身体既作为内在性（*interiority*），即作为一个意志的结构和感觉的维度被给予（Hua 14/540，9/391），也作为视觉性和触觉性显现的外在性（*exteriority*）而被给予。但是，那被胡塞尔称为"内在的"（Innen-）和"外在的"（Aussen-）"身体性"（*leiblichkeit*）之间是什么关系呢（Hua 14/337）？在两种情况下，我所面对的都是我自己的身体。但视觉性地和触觉性地显现的身体，究竟为何被作为我的身体的外在性而被经验？如果我们考察右手触摸左手这样的情况，触摸的手感觉到被触摸的手的表面。但是当左手被触摸到时，它不仅仅作为一个纯粹的对象被给予，因为它感觉到触摸本身（Hua 4/145）。（假如被触摸的手缺少这一经验，那么，它将会缺少身体性的自身被给予性，从而也就不能被感觉为我的手。凡试过将手臂当作枕头入睡的人都知道，带着无感觉的手臂醒来多么奇怪。当它被触摸的时候，它也不回应，就好像其他人的手一样。）触摸自己的身体和其他任何东西——无论是无生命的对象还是他人的身体——之间的决定性差异在于，它意味着双重感觉。胡塞尔也谈到身体各个不同部分之间发生的身体性反应（Hua 1/128。参见 15/302）。重要的是，触摸和被触摸的关系是可逆的，因为触摸的也被触摸到，而被触摸的也在触摸着。正是可逆性证明了内在性和外在性是同一事物的不同表现（Hua 14/75，13/263，Ms. D 12 III 14）。双重感觉的现象最终呈现给我们一个含糊多义的背景，手在这一背景中在触摸者和被触摸者两个角色之间转换。也就是说，双重感觉的现象提供给我们身体的双重本性的经验。正是同一只手能够交替的以触摸和被触摸的两种不同方式显现。因此，与例如判断行为的自身展现相对，我的身体性的自身被给予性使我们面对自己的外在性。对胡塞尔来说，这一经验作为自身理解的多种异化形式的出发点，对移情起着决定性的作用（Hua 15/652）。因此，正是身体独特的主体-客体的地位，刻画了双重感觉的自我性（*ipseity*）和他异性（*alterity*）之间显著的相互作用，使我能识别和经验到其他的具身化的主体（Hua 8/62, 15/300, 14/457, 462, 9/197, 13/263）。当我的左手触摸右手时，我以这样的方式经验自身，既预期到他者经验我的方式，也预期到我经验他者的方式。当胡塞尔写到社会性的可能性预设了某种身体的主体间性的时候，他指的可能就是上述内容（Hua 4/297）。

尽管作为被触摸或者看见的身体与世界里的对象有一些共同的属性，如广延、质量、柔软性、光滑性等等，但强调以下这点还是很重要的，即作为动觉性的和触觉性感觉的局部化场域，身体与其他普通的对象还是根本不同的（Hua 4/151-152, 16/162）。尽管我们对身体的探索蕴涵着对它的对象化，但这并不意味着对其主体性的完全悬搁，正是因为被触摸的手也感觉到了这一触摸。这并不意味着不可能将某人自己的身体仅仅看作一个对象，但是根据胡塞尔，这个自身理解不能直接通达：只有通过另外一个主体对我的身体的感知（在某些方面，高于我自己的感知 [Hua 5/112]，例如论及我的颈项和眼睛的视觉呈现的时候），且通过对这个视角占有，我才对我的身体采取一个具体化和抽象的观点（Hua 14/62-63），将其作为其他对象里的一个对象，它位于一个因果性的结构中，并被其决定。

胡塞尔有时也提到存在于空间对象的构成与身体的构成之间的交互的共同依赖。对对象的探索和构成意味着一种同时发生的自身探索和自身构成。这不是说我们体验自己身体的方式是一种对象意向性,而只是说它是一个具身化的主体性,这一主体性被一个自身被给予的意向性所刻画。身体并不是先被给予我们,然后才被用于研究世界。相反,世界是作为身体性地被研究物而被给予我们的,并且身体在对世界的探索过程中向我们揭示(Hua 5/128,15/287)。换言之,我们是通过觉知到自己的身体,以及它和对象相互作用的方式,才觉知到知觉性的对象。也就是说,如果没有一个伴随的身体性的自身觉知,无论是主题性的还是非主题性的,我们就不能感知到物理对象(Hua 4/147)。但最终相反的说法也是正确的:只有当身体和其他东西,或者与作为他者的自己相联系时,才能对自身显现(Hua 13/386,16/178,15/300)。正如胡塞尔写道,"我们感知到活生生的身体,但是除此还'以其作为手段'感知到物体"(Hua 5/10〔译文作过修改〕)。这种自身感触(self-affection)和外来感触(hetero-affection)的交互性在触觉领域可能比在其他领域更明显——如果没有被触摸到并且被给予,手就不会去触摸。换言之,触摸和被触摸是在同一个过程中被构成的(Hua 14/75,15/297,15/301),并且,根据胡塞尔,这对我们的感性一般是有效的。[①]

然而,如果触摸的自身被给予性与被触摸者的展现是不可分

[①] 正如胡塞尔所写到的,关于动觉和原质性感觉之间的关系:"然而动觉系统不是事先被构成的,而是在每种情况下都与它作为目的的原质性对象的构成一起发生"(Ms. D 10 11a)。

的,更一般地说,如果自身感触总是被对世界的感触渗透(Hua 10/100),那么,引入一种主体性和世界之间的奠基-被奠基的关系似乎是站不住脚的,因为它们是不可分离和相互依存的。正如胡塞尔自己所说,每个经验都拥有自我(egoic)和非自我(nonegoic)的维度(Ms. C 10 2b)。这两个方面可以被区分,但是不能被分离:

> 自我并非自为的某物,并且也不是对其自身陌生的,并与其自身切断的,以至于没有空间使自身转向他者;而是,自我和与之相异之物是不可分离的……(Ms. C 16 68a. 参见 Ms. C 10 2b)。①

正如梅洛-庞蒂会说的(我相信胡塞尔也会赞同),主体性本质上朝向它自身所不是的东西,并对其敞开,无论它是世间性的东西还是他者(Other),正是在这种敞开性中,它向自己揭示自身。因此,被我思所揭示的并非是闭合的内在性或者纯粹内部的(interior)自身在场,而是一个朝向他异性的开放性,一个外在化(exteriorization)和永恒的自身超越的行为。正是通过对世界在场,我们才对自身在场,并且正是通过被给予我们自己,我们才能意识到世界。②

迄今为止我只描述了主体性、身体和世界。然而胡塞尔还宣称,在需要理解主体间性时,我们的身体扮演着一个重要的角色,正如主体间性也能够对身体所发挥的构成性功能有重要影响一样。

---

① 自我并非自为的某物,自我的异在是与自我分离者,两者之间不存在转向的余地。但自我与自我的异在又是不可分割的(Ms. C 16 68a)。

② 参见梅洛-庞蒂(Merleau-Ponty) 1945, 344, 431-432, 467, 485, 487, 492。

但是，我将把这方面的内容推迟到下一节讨论。

胡塞尔论证说，对自我中心的空间的构成预设了一个功能性的身体，并且，对客观空间的构成预设了身体性的自身对象化（Hua 16/162）。简言之，构成性主体是被具身化的，且由于这个身体性的主体总是已经将其自身解释为属于这个世界的，就必须再次推断，一个关于无世界主体的论题是很有问题的。换言之，在胡塞尔对身体的分析中，他自己就提供了反对他在《观念 I》中的笛卡尔式的观点。

为了预防一些误解，我仅要补充的是，我不是在试图论证，胡塞尔会认为每一类型的经验都是身体性的经验。我只是主张，他认为活生生的身体对感性经验是不可缺少的，且因而对其他类型的经验也具有重要的（奠基性的）意义。正如胡塞尔在《观念 II》和《观念 III》中写道：

> 因此以这种方式，一个人的总体的意识在某种意义上，通过它的原质基础（hyletic substrate），和活生生的身体连接在一起，尽管肯定的是，意向性的活生生的经验自身并不再直接地或者严格地被局部化；它们不再组成活生生的身体的一层（stratum）（Hua 4/153［译文作过修改］）。

> 当然，从纯粹意识的角度来看，感觉对于所有基本种类的意向行为都是不可缺少的质料基础……（Hua 5/11）。

到此为止，应该已经很清楚，胡塞尔对身体的分析不仅仅是一个区域性的本体论研究。相反,我们所面临的是一个先验的哲学研究,这个研究对于主体性和世界的关系的更基本的理解具有很广泛的意义。让我提及两个进一步的论证来支持这个解释,并以此结束我对胡塞尔的身体现象学的讨论。

1. 在第一章,我提到过在胡塞尔的意向理论里感觉所起的作用。根据胡塞尔,感觉是非意向性的,也就是说,它们缺少与对象的关联,且只是在它们从属于一个对象化的解释时,才获得这一关联。这个理论经常被后来的现象学家所批评,他们宣称,无形式的和无意义的感觉,仅仅反映了胡塞尔从英国经验主义那里继承过来的理论偏见,而非严格的现象学分析的结果。① 不仅在我们的日常生活中定位这些(被设想的)无意义的感觉看起来非常困难,因为在日常生活中我们总是已经面临着有意义的经验:我们所感知到的总是已经被作为某物而被解释了;另外,将我们的感觉(sensation)解释为本质上无意义的感触(affection)的尝试还使以下这点无法理解,即被感觉到的怎么能够指导和限制我们的解释。如果感觉被认为是无意义的,那么,感性经验和概念思维之间的中介(mediation)就成为任意的了。

在某种程度上,这个批评是正当的,但它并没有把握全部的情况。胡塞尔的感觉概念是有名地具有歧义性的,并且这个概念在其哲学发展过程中也有过变化。当谈论到一个感觉时,人们可以指感

---

① 参见图根特哈特(Tugendhat) 1970, 73;梅勒(Melle) 1983, 40-52;加拉格尔(Gallagher) 1986;阿多诺(Adorno) 1981, 152-164;尤其是莫汉梯(Mohanty) 1972, 108-13,其中总结了萨特、梅洛-庞蒂以及古尔维奇的经典批判。

觉过程，但是也可以指那被感觉到的。并且毋庸赘言，在人们谈论自己的感性里的印象性事件，和谈论某种超越物的感性在场之间，还是有区别的。① 换言之，胡塞尔对身体的研究表明，需要区分两种非常不同的类型的感觉。一方面，我们具有应该在意向行为方面被解释的动觉。这些构成身体性的自身觉知却不意向对象。另外一方面，我们有原质性的感觉，胡塞尔时常将它描述为特征感觉（*Merkmalsempfindungen*）或者侧显材料（*Aspektdaten*）。这些感觉既不是无形式的，也不是无意义的，而总是充满意义且在与动觉性的场域的关联中成形。② 作为被感觉到的东西，原质性的材料并非内在的或无世界的内容，或者性质，亦非主体性和世界之间的媒介。而是，我们的感觉（行为）已经是朝向世界的敞开，即使它还不是一个对象的世界；而原质性的材料是这个世间性的存在的原初的展现。然而，原质性的感觉和对象之间的区分仍然存在。听到不断增加的音量和听到一辆靠近的汽车之间，感到一处局部的疼痛和感到针的扎刺之间，这些仍是可能被区分的。感觉本身是不足以决定的，因为只有通过将其理解和解释为某物，一个完全的对象才被构成。

2. 当胡塞尔写到先验主体是具身化的时候，我们就应该清楚，我们所面对的与康德首先引入的先验主体性概念有着重大的分歧。根据康德，先验主体性是超越个人的、抽象地演绎出来的辩护原则，

---

① 索克洛夫斯基（Sokolowski）1974，91。参见 Hua 5/10-11, 16/148。
② 因此，胡塞尔才能够写道，谈论一个纯粹消极的感觉世界是一种抽象。它们只有在与行为的动觉的相关性中才能够被理解（Hua 11/185）。参见克莱斯格斯（Claesges）1964，71, 123, 131, 134-135，以及朗德格雷贝（Landgrebe）1963，120。

但对胡塞尔来说,先验主体性却是一个具体和有限的主体。在这个背景下,胡塞尔对身体的分析将他引向关于先验主体性的生和死的问题,便是十分可以理解的。

起先,胡塞尔认为讨论先验主体性的生和死是某种范畴错误。作为构成性原则,作为时间性的来源以及任何一种在场与缺席的条件,先验主体性完全不是那种可以产生和消亡的"事物"。然而,既然身体确实可以死亡,胡塞尔不得不说,先验主体性能够非具身地存在,并且"死亡"可以被看作和世界的分离,类似于无梦的睡眠(Hua 11/379-381, 13/399)。然而,我们应该很清楚,在这种情况下我们所谈论的是某种枯竭的主体(Hua 13/464-465),或者更加准确地说,我们由此而接近的主体性概念是一个绝对的限制性概念。①

然而,在20世纪30年代早期,胡塞尔似乎逐渐地改变了想法,他不再认为生和死只是和经验性主体相关的东西,因为,正如他写到的,生和死,以及生成性(世代的变化),都是构成一个客观和历史世界的可能性条件(Hua 15/171-172)。在我对胡塞尔的生活世界概念的分析里,我将尝试解释这个令人吃惊的观点,不过现在我已经可以说,胡塞尔将我们在一个活的传统里的境遇看成具有构成性含义的。

说胡塞尔成功地解决了关于主体性的生与死的问题就有些夸张了,但他对这些问题的零星反思仍然能表明他思想的不断发展。最终,我们所处理的主题是否能够被现象学所讨论,或者,我们所面临的是否是只有思辨形而上学才能处理的东西,这些问题仍然是

---

① 关于胡塞尔对睡眠的现象学分析的讨论,参见扎哈维(Zahavi)1999b,209-210。

敞开的。①

第三节 主体间性

胡塞尔认为，主体间性是一个无比重要的主题，并且，从一个纯粹量化的观点来看，他比后来的任何一个现象学家给予这个主题以更大的篇幅。② 因为许多原因，胡塞尔对主体间性的分析要求一个详细的讨论，尤其是因为其构成对他"体系"的重要的矫正。更准确地说：只有考虑到胡塞尔对主体间性的分析，才有可能正确地理解他的先验唯心论立场。尽管胡塞尔经常被认为是*方法论的唯我主义者*，但他实际上已经采取了后来的阿佩尔和哈贝马斯借以成名的立场：*先验哲学的主体间性转化*。③

一、唯我主义

胡塞尔的现象学经常被指责为在本性上是唯我主义的。通常所理解的唯我主义是这样一种观点，即要么认为只存在一个单个的意识，即某人自己的意识；要么认为我们是不可能知道是否实际上

---

① 胡塞尔对身体概念的更加详尽的讨论，参见克莱斯格斯（Claesges）1964；弗兰克（Franck）1981；加拉格尔（Gallagher）1986；扎哈维（Zahavi）1999b。

② 胡塞尔曾在几处都让我们注意到在 1910 年 11 月的课程讲座（现在见于 Hua 13/111-194）"现象学的基本问题"（Grundprobleme der Phänomenologie）中，他第一次赋予主体间性一个决定性的角色（Hua 17/250, 5/150, 13/245, 8/433, 14/307）。尽管他在《观念Ⅰ》（1913 年版）中表现出严格的唯我倾向，胡塞尔那时已经意识到主体间性的重要性了。并且，正如他以后所写的，他本来就打算用见于《观念Ⅱ》中的、对于主体间性的反思来对《观念Ⅰ》中的陈述进行补充。然而，这些思考在他死后才得以出版。

③ 参见阿佩尔（Apel）1973, I/60, II/315, 以及哈贝马斯（Habermas）1985, 178。

存在除自己之外的主体。但是，为什么会有这种批评呢？正是因为悬搁和先验还原的实施似乎预先将现象学研究的领域限制在个人自身的意识和现象的现象学分析之中。如果意向性-构成性分析的目的，就是去研究世界对于我的被给予性，那么，这样的分析又怎么能够揭示世界对于另外一个主体的被给予性，更何谈这个相异的主体的自身被给予性呢？如果某人有意义地谈论一个相异的主体，一个他者，那么很明显，我们所面对的并非是某种可以还原到对于我的纯粹被给予性的东西。但是，如果现象学要求回归到被明见地给予我的东西，就会出现问题。

110　　更确切地说，胡塞尔的主体间性现象学似乎面临着两个相互联系的困难：1) 既然作为他者的他者必定不仅仅是一个构成的产物，我到底如何能够构成他者？ 2) 既然他者作为相异的主体性是以它的不可通达性、以它总是超越对于我的被给予性为特征，那描述他者的被给予性在现象学上又是如何可能的？

当胡塞尔开始论证现象学家必须作为一个唯我主义者开始（Hua 8/176, 17/276），且必须地，至少开始要实施一个所谓的原初的还原，即以孤立出一个所属性领域为目标的还原——其总体能被一个孤立的自我所构成而不需其他主体的作用时，问题就增多了（Hua 1/124, 17/248）。因为，正如他写到的，只有如此，才可能理解他者的被构成的本体论的有效性（Hua 15/270-271）。

总之，这些考虑看起来都明确地支持了一般的批评：胡塞尔仍然局限在一个唯我主义的范式里，并且和后来的现象学家相比，他没有充分意识到主体间性的重要性。

然而，实际的情形却要更加复杂。让我来说明其原因。

二、先验主体间性

引入胡塞尔对主体间性分析最简单的方式,是将其与他的意向性理论相结合。根据胡塞尔,我的感知向我呈现可以在主体间通达的存在者,即不单单是为我,而是为每一个人而存在的存在者(Hua 9/431, 14/289, 390, 17/243, 6/469)。我将对象、事件以及行为作为公共的,而非私人的去经验(Hua 1/123, 15/5)。胡塞尔因此断言,一个本体论的分析,只要它揭示了作为主体间正当的世界的存在意义(*Seinsinn*),便导向了对相异的主体性的先验相关性的揭示,并从而导向了对先验主体间性的考察(Hua 15/110)。正如他最终所明确表达的:

> 具体的、完全的先验主体性,是一个由许多我所组成的开放的共同体的总体——一个从内部而来的、被纯粹先验地统一起来的、并且仅仅以这种方式才是具体的总体。先验主体间性是绝对的并且是唯一自足的本体论基础(*Seinsboden*),每个客观事物都从那里(客观地真实的东西的总体,并且也是每个客观的观念的世界的总体)获得其意义和有效性(Hua 9/344,译文作过修改)。

正是根据这些考虑,胡塞尔才能够将主体间性的-先验的社会性刻画为所有实在的真理和存在者的来源(Hua 1/35, 182, 8/449, 9/295, 474),有时甚至还将他自己的研究描述为一个社会学的先验哲学(Hua 9/539),即现象学的发展必然地意味着要迈出从自我的现象学到先验的——社会学的现象学的一步。① 先验现象学只在表面上是唯我主义的,而引入原初还原的原因在其本性上是方法论的。只有当我们认识到单个主体自身所能完成的是多么少,才能认识到主体间性的全部意义。换言之,彻底地执行先验还原最终会通向先验主体间性的揭示(Hua 1/69, 9/245-246, 8/129)。

在这个背景下,很容易表明为什么胡塞尔如此集中地讨论主体间性这一主题。他相信这个主题包含着理解客观实在和超越者的构成的关键。由于胡塞尔将其作为先验现象学最重要的任务之一(Hua 8/465),我们便能明显地看出他对主体间性的分析具有何种系统性的重要性,以及这么做实际上将给其理论带来多大风险。如果先验现象学因为某些理由在原则上不能说明主体间性(最终是因为它所谓的方法论的唯我主义或者主观唯心主义),那么后果将不仅仅是它不再有能力对一个具体的、且清楚地被界定的问题进行研究,而是它作为一个基础的哲学方案的彻底失败。

胡塞尔对主体间性的现象学研究是对主体间性的先验的或者构成性功能的分析,而他反思的目标正是去阐明一个先验主体间性的理论,而不是对具体的社会性或者特殊的我-你关系给出一个细致的考察。必须强调这一点的理由是,胡塞尔的主体间性现象学的批判性评价(这个评价通常将自己局限于他的第五个《笛卡尔式的沉思》)的主要部分,正是集中于这些方面。因此,通常都习惯讨论,一方面,胡塞尔的移情(*Einfühlung*)概念是否意味着对他者的直接或间接的经验,这一说明在现象学上是否可靠;或者,另一方面,胡塞尔的(唯心的)构成模式到底是否能够建立一个我与他者的对

---

① 这一出自胡塞尔1922年伦敦讲座的表述,可见于舒曼(Schuhmann) 1988, 56。

称关系，这个讨论通常是非常不充分的，因为人们并不同时分析构成的实际意义，而只是简单地预设一个（错误的）解释。①

要是断言这些问题完全不相关就错了，尤其因为胡塞尔的主体间性概念实际上是一个交互（inter）-主体性概念，即主体之间的关系。因此，它意味着对移情的考察——我怎样才能经验另外一个主体？根据现象学的方法，主体间性不能充分地从第三人称视角来加以考察，而必须从第一人称视角的经验性展现中来分析。正如胡塞尔在《危机》中写到的，主体间性只有通过彻底的"自我追问"（mich-selbst-befragen）才能被视为先验的问题（Hua 6/206）；只有我对另一个主体的经验和与他的关系，以及我的那些预设他者的经验，才真正配得上"主体间性"这个名称。

以通常的方式来继续进行考察，却还仍然存在问题的原因在于，人们混淆了胡塞尔进行先验主体间性分析的方式和分析的目的。人们忽视了后者在某种程度上是独立于他对移情的实际过程和构成性结构的分析的。即使他对移情的说明失败了，也不意味着其他部分的研究随之崩溃。另外，我将会指出，胡塞尔的主体间性理论比通常所设想的要更加复杂。他讨论了几种主体间性，并因此能够防止以下这类批评。它们通过质疑他对以身体为中介的主体间性的说明，便预言其分析的整个基础都会崩塌。②

我将转向我认为是胡塞尔主体间性分析的真正的本质性部分——即他对构成性的主体间性（constituting intersubjectivity）的

---

① 参见图伊尼森（Theunissen）1977，§ 19-28；舒茨（Schütz）1957, 107；利科（Ricoeur）1981, 124-25；罗尔-迪奇（Rohr-Dietschi）1974, 144-150。

② 舒茨也是如此（Schütz）1957, 81-107。

分析，但在此之前，让我先就他对他者的具体经验的分析做些说明。

三、对他者的经验

对胡塞尔来说，对于他者的具体经验总是一个对于在身体性现相中的他者的经验，因此，具体的主体间性必须被理解为肉身化的主体之间的关系。我将不仔细阐述胡塞尔对移情的复杂结构的准确分析（这将意味着对诸如共现［*Appräsentation*］以及结对［*Parrung*］等概念的讨论），① 我仅需提及下面这点，即胡塞尔认为，移情预设了我所遇到的相异的、具身化的主体与我自己之间的某种相似性。假如我自己不是一个身体性的主体，我就永远不能认出其他的具身化的主体。然而，这并不意味着我对他者的经验实际上是一个类比性的推论（Hua 1/141，13/338-339）。我们面对的不是任何推论，而是胡塞尔试图揭示其结构的实际经验。因此，他拒绝承认对于他者的经验是某种基本的、不能被分析的事实（他指责了马克斯·舍勒的这一做法［Hua 14/335］）。相反，对于这一经验的发生和具体的预设必须被阐明。我们需要揭示移情的可能性条件，尤其是那些关于经验主体的本性的部分。因此，例如胡塞尔指出，正是我的身体的主体-客体的独特地位才使我将另外一个身体确认为相异的、具身化的主体性（Hua 8/62）。正如我在对胡塞尔的身体现象学的陈述里已经提到的那样，当我的左手触摸右手时，我以如此的方式经验自身，既预期到他者经验我的方式，也预期到我经验他者的方式。

---

① 最详尽的分析见于山口一郎（Yamaguchi Ichiro）1982；德普拉（Depraz）1995。

当胡塞尔写到对身体(包括我自己的身体以及他者的身体)的经验构成了所有对他者经验的基础和准则时,对身体重要性的这一关注也表现出来(Hua 14/126)。因此,胡塞尔有时说母子关系是所有关系中最本源的(Hua 15/511, 15/582, 15/604-605),并主张,这种关系先于对物理对象的经验。换言之,中心问题并非我如何从对一个物理对象的经验达到对于一个相异主体的经验,而是我对肉身化主体性的经验(我自己的和他人的)如何作为对象经验的条件(Hua 15/637)。

我对他者有一个实际的经验,且不需要作一个推论,但这并不意味着我能够以他者经验他/她自身的方式来经验他者,也不意味着他者能够以我通达自身的方式来通达我。但这不成问题。相反,仅仅是因为相异的主体以此方式而避开了我的直接经验,他或者她才被经验为他者。正如胡塞尔写到的,假如我能够以通达自己意识的同样方式来通达他者的意识,那么他者将不再是他者,而成为我自己的一部分(Hua 1/139)。他者的自身被给予性对于我来说是不可通达和超越的,但我所能经验到的恰是这个界限(Hua 1/144, 15/631)。当我拥有对于另外一个主体的本真经验时,我正是在经验到他者——与一般的对象相对——对我的逃避。如果进一步要求,主张只有当我能够通达他者经验的第一人称的被给予性时,我才能够经验到他者,就是一个根本的误解,这完全不是胡塞尔一直所做的对他者超越性的尊重,而是试图废除这种超越性。[1]

---

[1] 参见瓦登菲尔斯(Waldenfels) 1989,勃姆(Boehm) 1969,以及扎哈维(Zahavi) 1996/2001。正像列维纳斯所写的:对象的缺席正是他作为他者的在场(列维纳斯[Lévinas] 1983, 89)。

因此，尽管胡塞尔会认为我们确实经验到他者，但这并不意味着他者被还原到光光是一个意向性对象。相反，只要他者恰恰是在其主观的不可通达性中被经验到，我们所面对的就是一个主体-主体关系。对于主体-主体关系的现象学描述来说非常重要的一点是，它包含着不对称性。经验的主体和被经验的主体是不同的。但是，这一不对称性是对主体间性的任何正确描述的一部分。如果没有不对称性的话就没有主体间性，而只会有一个没有任何区分的匿名的集体。

这个说明使我们有可能理解胡塞尔在说自我构成他者时的实际意义。除非他者出现，否则，就不可能遭遇他者，并尊重他者不可还原的他异性。只有这个他异性以这样或那样的方式作为一个现象显现，人们才能有意义地言说那绝对陌生者。[①] 言说他者或某种相异的东西需要使用关系概念，其意义预设了自我作为对照。陌生者正是对于我来说是相异的，他者正是在与我的关系中的他者——而不是在其与自己的关系中。当胡塞尔谈论对他者的构成时，他指的正是这个事实。但是胡塞尔永远不会断言自我构成他者的自身被给予性，一种以和我自己的自身被给予性相同的直接性和确定性为特征的自身被给予性（Hua 15/43）。正如胡塞尔反复强调的，在我构成他者的时候，我并不是在创造、发明或者制造他者（Hua 1/168，17/244，258，15/13）。如果情况不是这样的话，就意味着对相异的主体性的否定，而胡塞尔将无法摆脱唯我主义。

我们必须在一点（one single point）上来纠正这些考虑。在某种程度上，他者的自身存在实际上正是取决于我，即在每一个主体

---

① 参见德里达（Derrida）1967b，181。

的自身存在都取决于他和其他主体的关系这一意义上说。正如将会在以下的论述中表明的,当谈到先验自我的自身构成的时候,胡塞尔赋予主体间性以决定性的重要性。这对所有自我,而非仅仅对我自己来说,都是正确的。在其全部的具体性中,没有任何主体(即使是他者)能够独立于他者而存在。在这点上,胡塞尔主张自我和他者之间的一种强对称关系。

四、构成性的主体间性

现在让我转向中心问题。正如已经提及的,胡塞尔断言,世界的客观性和超越性是被主体间性地构成的,因而,对这个构成的阐明要求对先验主体间性的分析,更具体地说,是我对于另外一个主体的经验的考察。然而,为什么只有当一个主体经验到他者之后才能构成客观性?为什么他者对于我对一个客观世界的经验来说是一个必要的可能性条件?为什么当我经验到相异的主体性时,我对对象的经验将发生彻底的改变?基本上,胡塞尔的论题是,我对他人主体性的超越性(和不可通达性)的经验,使我对客观有效性的经验成为可能,并且,胡塞尔将这一超越性作为第一个真实的他异性以及各种真实的超越性的根源,正是这个超越性赋予世界客观有效性(Hua 14/277, 15/560, 1/173)。

> 这里有名副其实的唯一的超越性,其他任何也被称为超越者的,比如客观世界,都依赖于相异的主体性的超越性(Hua 8/495)。

在这个意义上,所有的客观性都构成性地与那严格意义上不属于自我的东西相关,与那在形式上不同于我的自我本身的(the other-than-my-Ego's-own)相关,"其他人"——也就是说:形式上的非我,是"另外一个自我"(Hua 17/248 [241,译文作过修改])。

为什么相异的主体性对于超越的对象的构成是一个如此根本的可能性条件?为什么只有通过他者,对象才能作为超越者而显现?胡塞尔提供的解释是,如果对象也能够被他者经验到,那么它就不能被还原到我的纯粹的意向相关物。对象的主体间性的可经验性保证了它真正的超越性,所以,我对超越对象的经验(构成),必然地以我对它对另外一个超越的主体的被给予性的经验为中介,即以我对一个相异的指向世界的主体的经验为中介。(正因为如此,他者的超越性才如此重要。假如他者仅仅是我自己的一个意向性变更,或一个本质性变异,那么他与我经验到相同的东西这一事实,用一个维特根斯坦的例子来说,就仅仅会像在同一份报纸的不同副本中发现同一篇报道那样,具有决定性。)只有当我经验到他人和我经验到同样一个对象时,我才真正地将这些对象经验为客观和真实的。只有如此,对象才具有有效性地显现,而这使它们不仅仅是意向对象。现在,它们是作为真实的(客观的,即主体间性地有效的)意向对象被给予。尽管每次和他者的具体的相遇都是可错的——我所认为的对于他者的有效经验最终可能仅仅是一个幻觉——但是主体间性和客观性之间的构成关系在本性上却是先天的。

那在原则上不能被他者经验的东西,不能被归之超越性和客观性。但是，即使某人愿意承认在主体间性和实在之间有联系，仍存在一个未被解决的问题。在通常的情况下，我仍然将我无意间独自经验到的东西（例如，我现在正在其上写作的这台电脑）经验为超越、客观和实在的，尽管我并没有同时经验到这个对象也正在被他者所经验。胡塞尔甚至含蓄地承认下面这点，即使我绝对确定普遍的瘟疫已经消灭了除我之外的所有生命，我的世界的经验仍然依赖于先验主体间性的共同运作（Hua 1/125，15/6，6/81）。然而，如果在我们对他者的第一个原初的经验——这一下子使得对客观性、实在和超越性的构成成为可能，从而永远地改变了我们的经验范畴——和所有后来对于他者的经验之间作出区分，这一问题就可以得到解决。这并不意味着所有这些后来的经验是不重要的，而是它们的作用具有不同的性质。它们不再使客观性和超越性的范畴成为可能，而是充实它们。换言之：尽管我对这台电脑的单独的经验是一个将其作为实在和客观的经验，但是这些有效性的成分首先只是被意指性地给予。只有当我经验到他者实际上也在经验它时，我的经验的有效性断言才直观地，即具有明证性地被充实。

正如我已经暗示的，下面一点很重要，即我对另外一个主体的经验是一个对于另外一个经验着的主体的经验。事实上，胡塞尔甚至断言，另外一个主体的经验的有效性和我对那个主体的经验一起被接受（Hua 14/388）。[①] 这点可由胡塞尔对身体的分析得到解

---

① 他者的每一个经验都意味着他者经验的有效性，这不应该被误解。当然，胡塞尔既不认为不再可能谈论争执和异议（而只是所有的争执都预设了一个共同的世界），也不认为我们对于一个他者的经验总是伴随着一个他者经验内容的主题化的再现。胡塞尔仅仅主张，当我们经验到他者时，其经验的有效性被暗暗地接受了，从而，（转下页）

释，胡塞尔在其中主张，将他者经验为肉身化的主体是迈向一个客观的（主观间性地有效的）共享的世界构成的第一步（Hua 14/110，15/18，15/572）。之所以如此是因为，我对作为他人身体的东西的经验，必须伴随着他人对于作为他或她自己的身体的同样的东西的经验（Hua 13/252，14/485）。在对他人身体的经验中，人们所面临的是他们自己的经验和他者经验的一致性——根据胡塞尔，这个一致性是对后来所有对主体间性的对象，即对那些他者所经验到的（能经验的）对象的经验的基础。

胡塞尔通过描述一种特殊的对他者的经验来继续他的分析，即在那些我像经验自己那样经验他者的情形中。这种"原初的交互共存"（original reciprocal co-existence）——被米夏埃尔·图伊尼森称为"变化"（*Veranderung*）[①]——在其中，我接收了他者对我的对象化理解，我的自身理解以他者为中介，并且我将自己经验为相异的，这对客观世界的构成也有决定性的意义。当我认识到我可以作为他者的另一个自我，就像他者对我那样，在我自己的构成性的意义中就发生了显著的变化：

> 一个自身和其相异者之间的区别消失了；他者将我理解为相异的，正如我将他把握为相异于我那样，并且他自己也是一个"自身"，等等。等值（parity）继而便产生了：大量的感觉着

（接上页）我们自己的经验对象被理解为某种也能被其他主体所经验的东西，因而它必须是超验的（Hua 6/308，13/469）。当经验到我的网球对手将球击回时，我暗含性地假设了他和我感知的是同一个球。

① 参见图伊尼森（Theunissen）1977，84。

第三章 晚期胡塞尔:时间、身体、主体间性和生活世界

的、意愿着的我具有相同的种类,并且每一个都在同样的意义上是独立的(Hua 13/243-244;参见 15/635)。

在我和他者的相遇中,我才意识到我看待世界的角度只是很多角度中的一个,然而,一旦意识到这一点,我便再也不能在与经验中的对象的关系中保持一个具有特权的地位。无论是我还是他者作为经验的主体,在原则上对于那个经验的有效性没有任何影响(Hua 17/245,15/645,1/157)。

胡塞尔因而主张,当我经验到他者和我经验到同样的东西,且我自己也被他者经验到的时候,我的经验就改变了。从此之后,我的经验对象不再能够被还原为纯粹的"为我存在"(being-for-me)。通过他者,对象的构成具有了超越主体的有效性。我不再将其经验为依赖于我和我的事实性存在。相反,作为一个主体间性的对象,它被赋予了存在的自主性,这种自主性超越了我自身的有限实存(参见 Hua 15/218,8/495,13/242)。①

总结一下:胡塞尔主张超越性、客观性和实在性的意义和范畴都是主体间性地被构成的。这些有效性范畴只能被经验到其他主体的主体而构成。然而,胡塞尔还强调,对于诸如内在性、主体性和现相这样的范畴也是如此。他的思路如下:当我意识到我的经验对象也能够被他者经验到,我便也意识到在物自身和它对我的现相

---

① 这就是那种胡塞尔宣称直到他者的共同存在被考虑在内,否则一直保持隐藏的有限性(有死性):"这里就是死亡可能性的所在之地——然而,它不能在自我的自我观察中被客观化;它无法拥有任何生活经验的可直观性,因为它只能通过理解他者而获得对我的意义"(Hua 15/452.参见 Ms. C 17 32a)。

之间是有区别的(Hua 6/167,4/82)。因此,只有当我经验到其他的主体,并由此获得主体间性的有效性这个概念之后,将某物作为纯粹的现相,作为完全主观的东西去谈论和指称,才是有意义的(Hua 9/453,13/382,388-389,420-421)。

迄今为止所强调的这些结构(我对指向世界的、超越的、相异主体的经验,和我对他者对我自身的经验的经验)在胡塞尔对主体间性的先验构造功能的阐述中,占据着一个决定性的位置。然而,认为胡塞尔将主体间性理解为某种完全依附于具体的、以身体为中介的相互作用的东西,则是错误的。假如是这样的话,人们可以通过指出这种经验似乎既是偶然的又是可错的这个事实,来批评他——胡塞尔自己也承认这点(Hua 14/474-475)——正因为如此,这种经验对于先验哲学来说才不是最可信的基础。① 然而,胡塞尔并不只是对一种先验主体间性作出了分析——虽然这是一个普遍的假设——而是分析了不同种类的主体间性。除了已经被描述的那种外,胡塞尔还力争在对世界的意向性关系中取得一个主体间性的位置,即他时常主张,在任何对其他主体的具体经验之前,我的意向性已经蕴涵着对其他主体的指向,即先天地如此。最终,胡塞尔也主张,我们应该将一个构成性的功能归属给匿名的共同体,这个共同体在我们所继承的语言性的常态性中(在我们的传统中)展现自身。

对后两种主体间性进行详细的说明,就超出了本节的范围。但

---

① 类似的论证见于卡尔(Carr)1973,14-35。卡尔认为,只要我们思(nos cogitamus)和我思(ego cogito)不具有同一种不可错的绝然的确定性,那么胡塞尔对先验主体间性的合并就指向了对他早期哲学概念的彻底的修正(卡尔[Carr]1973,32-35)。随后将表明,这仅仅是部分正确的。

第三章 晚期胡塞尔：时间、身体、主体间性和生活世界

我会简单地勾勒出胡塞尔的观点。① 关于第一种和最根本的那种主体间性，胡塞尔写道，对先验自我的分析最终将会引向对于它的绝对自明的（apodictic）主体间性结构的揭示（Hua 15/192）。② 为什么是这样呢？因为，正如胡塞尔所认为的，我的每一个知觉对象，不仅蕴涵着对我作为一个经验着的主体的关系，也蕴涵着对他者作为共在之主体（co-subjects）的关系（Hua 6/468）。正如他在手稿 C 17 中所表述的：

> 我的经验作为世间的经验（即已经成为我的每一个感知）不仅蕴涵着作为世间性对象的他者，并且还总是蕴涵着在存在性的共同有效性中作为共在之主体，共同构成的他者，并且两者是不可分离地缠绕在一起（Ms. C17 36a）。③

胡塞尔的论证似乎部分地以对视域性的意向性研究为基础。我的知觉性对象是以其视域性的被给予性为特征的。它们并不在其对我的现相中被穷尽；相反地，每个对象都总是拥有一个共在的侧面的视域，尽管对于我来说是无法瞬间通达的——例如，我不能同时看见一把椅子的正面和背面——它却可以被其他主体所感知。因为知觉性的对象对于他者来说也总是在那里的，不论其他那些主体是

---

① 更多讨论参见扎哈维（Zahavi）1996/2001 和 1997。
② 又见于凯恩斯对他和胡塞尔在 1932 年 4 月 4 日的一次对话的说明（凯恩斯［Cairns］1976, 82-83）。
③ "我的经验作为世界经验（每种经验都已是我的知觉经验）不仅包括作为世界物体的他者，而且持久地将他者作为共同主体、作为共同的被构成者置于共同的作用中"（Ms. C 17 36a）。

否实际上在现场显现，对象还是指向那些主体，并且正因为如此，它才在本质上是主体间性的。它不仅对我存在，而且也指向许多能存在的主体，就像每当我被指向这些主体间性地可通达的对象时，我的意向性所做的那样。也就是说，不管我是否经验到这些他者，当然，也不管他们实际上是否存在，我的知觉性意向性都与其相关。因此可以说，我的知觉性的意向性先天地相关于有时被胡塞尔称为"开放的主体间性"的东西。正如他在《论主体间性现象学 II》中所写：

> 因此，所有在经验中出现在我面前的、客观的东西——首先是在知觉里——都具有一个我自己的和相异者的可能经验的统觉的视域。从本体论上来说，我所拥有的每一个现相，都从一开始就是同一个对象的可能现相的总体的一部分，这一总体是敞开的、无穷的，却没有完全清楚地被意识到，并且，属于这一现相的主体性是开放的主体间性（Hua14/289。参见 9/394 和 15/497）。

如果这些考虑与胡塞尔对另一身体性主体的现实的、视域性经验的说明相结合，那么很明显，这已经预设了对于敞开的主体间性的先天指涉。在我和他者的具体相遇之前，主体间性已经作为共在主体性而在场了，因此，胡塞尔对知觉性意向性的分析，可以说是证明了唯我主义的立场的不可靠性。或许当胡塞尔在手稿 C 17 中写下以下内容时，所指的正是如此："共同体，即主体间性是否先于移情的发生而存在，而移情只是一个揭示性的行为呢？"（Hua C 17

84b）。① 胡塞尔后来对这个问题作出了肯定回答。

到此为止，我们已经处理了两种主体间性，但是强调下面这点仍然很重要：尽管对于他者的具体经验预设了主体间性在视域性的意向性里的运作，它仍然是先验的，即构成性的。因此，对于身体性的他者的具体经验并不纯粹是发生在世间内部的事件，因为只有在这里，我才能经验到他者真正的他异性和超越性，并接受他对我自身的对象化理解。根据胡塞尔，正是这些经验才是构成真正客观性的可能性条件。

然而，胡塞尔还讨论了和前两种不同的第三种先验主体间性概念，尽管它预设了前两种主体间性。② 因此，正如我将在下一节讨论胡塞尔生活世界概念时更详细地指出的那样，胡塞尔也主张，某些类型的自身理解和世界理解，只有通过语言性积淀和传统地传承下来的常态性，才可能实现。因此，常态性作为匿名的共同体也具有构成性意义。

五、主体性——交互／主体性

迄今为止，我们已经充分地证明了胡塞尔对待主体间性是非常严肃的。因此，胡塞尔断言，只有主体是一个共同体的成员，他才是经验世界的（Hua 1/166），即只有当自我是伙伴（socius），即一个

---

① "如果出现移情的话，这种共同体性，这种主体间性和移情会成为纯粹的被揭示出来的结果吗？"（Ms. C 178 4b）。

② 必须强调，三种主体间性之间是奠基的关系。换句话说：这三种类型是按等级构成的，但是不同且不可还原的三种主体间性，每一个都具有自己特殊的构成性功能和行为。

121 社会性的成员时，它才是其所是（Hua 15/193），且彻底的自身反思必然导致绝对的主体间性的发现（Hua 6/275，472）。胡塞尔的这些断言指出了他的大致思路。胡塞尔认为先验主体性（至少是部分地）依赖于先验主体间性。这个解释能够被胡塞尔的著作中的许多段落所证实。例如，在《第一哲学（II）》里，他写道，先验主体性在其完全的普遍性里就是交互主体性（Hua 8/480）。在一个 1927 年的手稿里（出版在《论主体间性现象学 I》里），胡塞尔写道，绝对者将其自身作为主体间的主体间性关系而揭示出来（Hua 13/480）。因此，胡塞尔反复出现的观点是，一个进行得足够彻底的先验还原不仅仅导向主体性，而且也导向主体间性（Hua 9/344）。并且在某些时候，当他提到莱布尼茨时，他把自己的理论叫做先验单子论（Hua 8/190），并因此强调了构成性中心的多元性，这绝非巧合。①

正如已经提到的，胡塞尔对于先验自我的观点和康德是不同的。胡塞尔不仅主张异端的观点，即去谈论多数的先验自我是可能的，即融贯的，最终他甚至还强化了这个观点，断言这是必要的，因为"主体性只有在主体间性里才是其所是——即一个构成性地运作的自我"（Hua 6/175 [172]）。关于主体性只有通过与他者的关系才成为完全构成性的，即完全先验的这个观点，和任何传统的康德式的对先验主体性的理解形成鲜明对照。非常令人好奇的是，在 A. 舒茨（A. Schütz）对胡塞尔主体间性的批评里，他正是默认了这个传统的理解。舒茨这样写道：

---

① 对于胡塞尔对莱布尼茨思想利用的更详尽的说明，见克里斯汀（Cristin）1990，163-174。

必须认真地追问，胡塞尔的先验自我概念是否本质上不是拉丁语法学家所称的"非常单一"（singulare tantum），即一个无法有复数形式的词。甚至，他者的存在究竟是否是先验领域里的问题，即主体间性的问题是否确实存在于先验自我之间……或者说，主体间性，因而社会性，是否并不只是完全属于我们的生活世界的世间性领域，这都完全没有被确定下来。①

然而，在一个现在于《危机》的补充卷中出版的手稿里，胡塞尔却支持这一立场，他在那里明确地指出，如果遵循康德式的传统，将先验主体性解释为孤立的自我，并因而忽视先验主体间性的问题，就会失去对主体性和世界作一个先验阐明的可能性（Hua 29/120）。我们本可以很简单地把这个评论归于阿佩尔。然而，注意下面这点却极为重要，即和语言哲学家相比，胡塞尔并不将他的主体间性现象学看作和（一个被正确理解的）传统的主体性哲学的决裂。并且，在和其手稿里关于先验自我重要性的叙述一起的地方，有可能找到关于主体间性的根本重要性的反思，甚至可以找到先验的原初自我（Ur-Ich）不能被多数化这样的说法（Hua 6/188）。

退一步说，这似乎意味着胡塞尔反思的核心部分出现了不一致。下面是两个通行的"解决方法"，要么断言，胡塞尔在短短几年之内改变了主意，先后将优先性赋予自我（在《笛卡尔式的沉思》里）和主体间性（在《危机》里）；要么就是断言，胡塞尔从来没有放弃他的自我的出发点，正因为如此，胡塞尔对主体间性的处理仍然是

---

① 舒茨（Schütz）1962, 167。

肤浅的,并且缺乏真正的彻底性。然而,这两个解释都明显有问题、说不通。第一个解释的问题在于,在《笛卡尔式的沉思》和《危机》中都有可能找到所谓的两种可选择的方法。在两部著作中,胡塞尔都谈论到自我和主体间性两者的根本重要性。第二个解释的问题在于,它面临着大量的文本(其中一些已经被引用过),在其中,胡塞尔似乎明确地赋予了主体间性以根本的和决定性的作用。

更仔细地解读将会揭示出,这个所谓的不一致性只是表面上如此。当我们认识到胡塞尔对原初自我的独特性的强调,并没有和他的先验哲学方案的主体间性转化相冲突时,这个表面上的不一致性就会消失。恰恰相反,胡塞尔的主体间性现象学的特征,必须再一次被强调。先验主体间性并不是某种在这个世界中客观实存的、能从第三人称的视角来描述和分析的结构,而是一个自我自身也参与的、主体之间的关系。换言之,先验主体间性只有通过对自我的经验结构的阐明,才能够被揭示出来。这不仅指出了自我的主体间性结构,而且也指出了主体间性的自我的植根性。[①]也就是说,胡塞尔对自我的根本重要性的强调必须被看作对下面这个事实的强调,即主体间性、我和他者的关系,预设了我自己的主体性作为其中一个相关项。只有从这个视角看来,主体间性和构成性中心的多元性才是现象学地可通达的。

---

① 马尔巴赫(Marbach 1974,第五章)认为,正是胡塞尔对于解释一个主体间性的先验理论的必要性的洞见,使他放弃了在《逻辑研究》所支持的意识的非自我(non-egological)理论(参见扎哈维[Zahavi] 1999b, 138-156)。古尔维奇以一种相关的方式主张,胡塞尔自己的意识的非自我理论使得先验主体间性的问题变得多余。如果没有先验自我,而只有经验自我,那么,自我和他者之间的关系必定是一个经验—世间的问题(舒茨和古尔维奇[Schütz and Gurwitsch] 1985, 369)。

剩下的问题就是去解释，为什么胡塞尔能够坚持认为先验原初自我是唯一的。然而，对手稿ＢＩ14的考察能够解决这个问题。胡塞尔写到，只要"我"这个词在其本原的意义上使用，那它就不能有复数。他者能够将他们自己经验为我，但是，只有我自己能够将我自己经验为我。除了我自己之外，没有另外一个我能对此说"这是我"的人。正因为如此，只要"我"确实意味着我，那么，谈论一个我就是不可能的。"我"是绝对唯一和个别的(Ms. B I 14 138a)。当胡塞尔提到自我的绝对唯一性并否认其能够以复数来表达时，他明显指的是我自己的意识的唯一的、自我中心的被给予性。我只能自身觉知到我自己，而永远不能够自身觉知到其他任何人。然而，这个唯一性，却是那种承认他者的唯一性："唯一的我——先验者。在其唯一性中，它设定'其他的'那些唯一的、先验的我——将他们作为'他者'，而这些他者自己又再次在其唯一性中设定他者。"(Ms. B I 14 138b, [①] 参见 Hua 14/212)。当然，胡塞尔会否认这个第一人称的唯一性仅仅是一个偶然的语言上的事实。相反，我们所面对的，是一个最终与自身被给予性这一至关重要的主题和内在时间意识相关联的先验必然性。"我是"是自我思考自身的自我意向性基础。正如胡塞尔所说，作为一个哲学家，这是我所不能忽视的首要事实(Hua 17/243-244, 14/307, 29/165)。

这仅仅提供了对胡塞尔立场一致性的一个证明。当他谈到自我绝对的优先性时，和他关于先验主体间性作为存在者的绝对域

[①] "Das einzige Ich—das transzendentale. In seiner Einzigkeit setzt es 'andere' einzige transzendentale Ich—als 'andere', die selbst wieder in Einzigkeit Andere setzen" (Ms. B I 14 138b)。

的反思并不矛盾。先验主体间性是一个先验基础,但是,正如胡塞尔所说,它拥有一个必然的"以我为中心"(I-centering)(Hua 15/426)。主体间性只有在唯一的主体间的关系中才能展开自身,并且正因为如此,胡塞尔才写道,由还原而完成的对先验主体间性的揭示,是含糊多义的,因为,它既导向主体性也导向主体间性(Hua 15/73-75)。主体性和主体间性远非相互竞争的选择,而是实际上相互依存的概念。

要提供一个对于主体间性在最根本的层面上,即当其与主体的自身时间化相关时,所起到作用的更加详尽的研究,现在正是时候。一方面,当谈论到主体的自身构成的时候,强调主体间性的意义将是非常重要的。另一方面,坚持每个单一的主体必须拥有特定的本体论上的自治这一事实,也是很重要的——因为对这一自治的完全消除,会使主体间性的这个概念成为不可能。如果主体之间的差异被否定了,那么,就不会存在任何多元性,从而也便没有主体间性(Hua 15/335, 339)。因此,如果有人想保存主体间性,并保留个体和超越的主体的多数性,那么就必须否认,它们在一个先在的统一体中有存在的基础。[①] 然而,详尽地分析胡塞尔对自我的许多结构性部分(包括那些主体间性地被构成的东西,和那些为了使主体间性概念成为融贯的,而必须唯一地被预设的东西之间的区分)的复杂的论述,就超出了本书的范围。我仅要提及,胡塞尔的立场显然是这样的,正是意识的时间性之流构成了主体性的最基本的层次,

---

[①] 芬克在他的许多在其他方面都非常具有知识性的关于胡塞尔的文章中提出这一观点。参见芬克(Fink)1976, 223, 以及芬克对于舒茨的文章"胡塞尔的先验主体间性问题"的英文版(舒茨[Schütz] 1975, 86)的评论。更广泛的批评,见扎哈维(Zahavi)1994c。

第三章　晚期胡塞尔：时间、身体、主体间性和生活世界

它是一个不取决于对他者的关系的过程（Hua 14/170-175）。然而同时，他也偶尔试图在时间性的结构中建立朝向他者的敞开性。正如他所指出的，在移情和回忆之间有一种结构性的相似性（参见 Hua 1/144，3/325，8/175，6/189，13/188，15/447，15/641，15/416）。回忆蕴涵着一个自身转移或自身远离，当我能够移情时，即将他者作为一个自己来与他相遇时，就需要这些特质。当胡塞尔谈到由原初时间化实行的去呈现化（de-presentation）以及发生在移情中的自身异化之间的亲和性时，他继续了这一思路：

> 可以说（通过回忆），自身时间化通过去呈现化（*Ent-Gegenwärtigung*），在我的自身异化（*Ent-Fremdung*）中有其相似物（移情作为一个更高层次的去呈现化——将我的原初的在场者［*Urpräsenz*］去呈现化为一个纯粹的被呈现化［*vergegenwärtigte*］的原初在场）（译文作过修改）（Hua 6/189［185］。参见 Hua 15/642，634）。

因此，胡塞尔似乎将从去呈现化到自身异化的这一步，看成一个对他异性的强化。并且更一般地说，他似乎将由时间化过程所产生的迷狂中心的（ecstatic-centered）自身区分，看作是移情和朝向他者的敞开性的可能性条件。①

---

① 这对海德格尔（Heidegger 1989，360，377，426）和梅洛-庞蒂（Merleau-Ponty1945，428）也是对的。对胡塞尔主体间性理论的更多研究，见舒茨（Schütz）1957；瓦登菲尔斯（Waldenfels）1971；黑尔德（Held）1972；图伊尼森（Theunissen）1977；山口一郎（Yamaguchi）1982；哈特（Hart）1992；德普拉（Depraz）1995；斯坦博克（Steinbock）1995；以及扎哈维（Zahavi）1996/2001。

第四节 生活世界

胡塞尔对生活世界(前科学的经验世界)的分析构成他最著名的研究之一,并且也是在现象学之外得到最广泛的接受的研究之一,例如在社会学的某些部分。[①]想要简单地总结出这些大量分析的中心思想,就自然要强调以下三点:1)首先,胡塞尔对生活世界的分析,是对科学理论和前科学的实践取向的经验之间的关系的阐明。这个阐明将质疑当今广泛蔓延开来的客观主义和科学主义。2)第二,胡塞尔对生活世界的分析可以被看作对先验现象学还原的一个新的导论,或者进入它的方式,这个方式彻底地质疑了胡塞尔思想中许多笛卡尔式的动机,并且,其对于主体性和世界的关系的理解完全不同于《观念I》的方式。3)最后,只要诸如历史性、生成性、传统和常态性被给予重要的先验哲学意义,胡塞尔对生活世界的分析就可以被看成他对主体间性分析的彻底化。

一、生活世界和科学的危机

尽管胡塞尔的生活世界概念和一些伴随性的话题能够在其很早的著作中找到,[②]对这个概念最系统化的讨论却在其最后的著作中——《欧洲科学的危机和先验现象学》。胡塞尔指的是什么"危机"呢?用有些悖论性的方式来说,危机在于:实证科学,或者更

[①] 参见哈贝马斯(Habermas)1981, II/171-293 和舒茨以及卢克曼(Schütz and Luckmann) 1979。

[②] 参见 Hua 4/375, 9/56。

具体地说,科学的客观主义范式,一直以来太过于成功了。危机不仅在急剧的崩溃中显示自身,而且也在平稳进行中的盲目性中显示出来。根据胡塞尔,实证科学拥有如此巨大的成功,以至于它们不再反思自己的基础和最终的界限,而是只关心先进技术的问题。一些相关于这些科学的运作(形而上学的)框架的根本性问题,已经离开了人们的视线,如"什么是真理","什么是知识","什么是实在","什么是好的和有意义的生活",和诸如此类的问题。换言之,实证科学不仅需要本体论的和知识论的阐明,而且它们也失去了存在性的相关性。这就是为什么胡塞尔批评,科学已经在伦理学上和哲学上都破产了的缘故。

根据胡塞尔的诊断,这个危机是文艺复兴期间的科学革命以来,客观主义占主导地位的直接后果,这个科学革命的特征是,方法上的量化理想,对事实和价值之间的明显区分,以及坚持科学并且只有科学才能够描述实在自身。根据胡塞尔,伽利略代表了这整个事业,引用他的话来说:

> 哲学被写在宇宙这本大书上,它一直向我们的注视敞开。但是,除非人们先学习理解它所用的语言和阅读其字母,这本书就不能被读懂。它用数学的语言写成,而它的符号是三角形、圆以及其他的几何图形,没有它们,人类就不可能理解这本书的任何一个词;没有它们,人们只能迷失在黑暗的迷宫里。[①]

---

① 伽利略(Galileo) 1957, 237-238。

根据胡塞尔，克服现在的科学危机以及愈合科学世界和日常生活世界之间在灾难性地决裂的唯一方法，是批判这个占统治地位的客观主义。这就是为什么胡塞尔开始他对生活世界的分析的原因，尽管这个生活世界构成了科学的历史性和系统性基础，它已经被科学所遗忘和压制。

* * *

在我们的前科学的经验里，世界是具体地、感性地和直观地被给予的。与此相对，科学的世界却是原则上超越感性经验的观念物（idealities）。虽然生活世界是一个境遇性的、相对真理的世界，科学却试图实现一个与主观的第一人称视角脱离了一切关系的、严格和客观的知识的理念。尽管生活世界里的对象是以其相对的、近似的和角度性的被给予性为特征——当我经验到水是冷的，我的朋友可能经验到水是热的；我对桌子的视角和我的邻居并非完全一致——而科学的对象却以非相对性、非角度性、单义性和精确性为特征（Hua 6/309）。因而，科学——我们主要谈论的是自然科学——有下面的特征，即它试图超越某种模糊性和相对性，这种模糊性和相对性是我们与世界的身体性和实践性的相互作用的特征，也是我们世界的经验的特征。它所寻求的，不是获得关于对于我们来说这个世界是如何的知识，而是世界独立于心灵是如何的，即世界"自身"是如何的知识（Hua 13/381，4/207）。

正是这样的考虑隐藏在对第一感觉性质和第二感觉性质的经典区分背后。因此，传统上一直理所当然地认为，物体的形状、大小和重量，即那些可以被量化地和以数学的精确性描述的性质，是客观性质,而颜色、味道和气味等等都只是主观的附带现象,不具备任何客观的、独立于心灵的实在性。[①] 但是,正如胡塞尔所指出的那样,这个区分随着时间的流逝被极端化。现在被当作是主观的,不仅仅是显现对象的具体性质,还是所有显现的东西。被看作主观的正是现相,而这个现相(appearance),这个现象的(phenomenal)维度,正是科学试图把握对象的真实本性时所要超越的。如果我们想要分析水,喝水和游泳这样的事实便与此不相关,正如其颜色、味道和气味一样,都是不重要的那样。但更一般地说,全部的感性现相也都是如此,因为这些仅仅被看作是对掩藏着的真正实在的主观扭曲而已。最终,我们的目标须是去揭示对象的物理结构:水 =H_2O。从而,真正的实在——真正客观和独立于心灵的存在——就被认为是完全不同于我们在前科学经验里所遭遇的东西。尽管科学最初是以将世界从怀疑主义的冲击下拯救出来为开始,但这显然是通过还给我们几乎无法辨认的世界而完成的。

因此,我们就不会惊讶于胡塞尔不赞同这个说法,并且在《观念 I》里(§40 和 §52),他便已经让人们注意它所涉及的一些范畴错误。正如意向性分析所表明的,认为显现着的对象,即我们的意向对象,在其作为在心灵内部(intramental)的意义上是主观的,这一看法完全是错误的。这甚至对于那些像幻觉里的粉红色驼鹿那样明显的非实在的东西来说,也是正确的,对于绿色的草或者可口的、甜蜜芳香的桃子来说就更是如此。

认为显现着的、被直观性地给予的对象只是对真实物理对象的纯

[①] 参见笛卡尔(Descartes) 1984, II/56-57。

粹表象，这种观点也须被质疑。我们在第一章中论及的胡塞尔对感觉表象理论的批评仍然是有效的。成为某物的表象并非对象的自然属性。相反，对象只有通过一个意向性的解释，才被赋予表象功能（参见边码第18页）。更一般地说，胡塞尔会断言，一切正当的理论主张都应该直接或者间接地被经验所支持。这对天体物理学或植物学甚至算术都同样正确。因此，我们不应该忽视胡塞尔所使用的非常宽泛的经验概念（参见边码第37页）。观念性的对象也能够直观地显现，虽然它不是以一种感性的、而是范畴性的方式而显现。

我要强调的是，胡塞尔决没有暗示说，对实在的科学探索是错误的、无效的或者多余的。相反，他所想要批判的是科学膨胀的自身理解中的某些元素。一方面，他想挑战实在由科学所规定这个科学假定，这个假定认为，实在和能够被物理学所把握和描述的东西是同一的，而我们对诸如桌子、椅子、书本和国家等日常对象的存在的常识性信念，只是宏大的幻象而已。另一方面，他想质疑其淡漠的客观主义——科学总是试图以绝对独立于主体性、解释和历史共同体的方式来定义实在。

胡塞尔的确承认科学理论和描述的有效性，并且甚至会承认，它们取得了比我们日常观察更高程度的客观性。但是，正如他反复指出的，如果在那个背景下，我们得到这样的结论：1) 只有科学性的说明才能把握真正的实在，或者 2) 这些说明设法去把握的东西，是在一个极端的意义上独立于我们的经验性和概念性视角的东西，那么，我们所面对的就是错误的推论。认为科学可以给实在一个绝对的描述，也即那种基于一个无源之见的描述，完全是一个误解。我们必须否认物理学就是存在之物的唯一的仲裁者这一设定，还必

第三章　晚期胡塞尔：时间、身体、主体间性和生活世界

须否认，所有须被严肃对待的概念都应该被还原到精密科学的语汇和概念性的构置中。

正如胡塞尔所指出的，自然科学本身就破坏了被感性地给予者和被物理性地描述者之间的绝对区分。毕竟，它的确始终坚持认为，它所研究的正是我在饮用的水，或者我正欣赏的钻石，而不是完全不同的另外的对象。它始终认为，它所试图把握的是被经验的对象的真实本性。

> 他（物理学家）所观察的，用于实验的，持续看见的，拿在手上的，放在天平上的，放入熔炉中的物理对象：正是那个物理对象，而非其他，成为物理学中谓词的主词，那些谓词包括重量、温度、电阻等等（Hua 3/113）。

根据胡塞尔，物理学并没有向我们呈现一个全新的物理对象，而是呈现出对我们在日常生活中所遇到的同一个对象更高的、更精确的、不同的客观规定（Ms. A III 9 8b）。相比起我自己对水是暖还是热、或者它的味道是否很奇怪等的评价，水作为 H_2O 这个定义不仅对我个人有效，而且对所有的主体都有效。然而，即使是最精确和最抽象的科学结果，都植根于在直观性上被给予的、与主体相关的生活世界的明证性——这个形式的明证性不仅是一种不可避免的、但另一方面又毫不相干的指向科学知识的方式，而且还是意义和辩护的一个永恒且不可缺少的来源（Hua 6/142）。

在其对观念化的迫切需要里，在其对精确和客观知识的寻求中，科学在与相关于主体的明证性的决定性对决中获益良多。但它

因而忽视了，它自己的更精确的度量不可避免地继续利用着直观的作用，比如当某人开始一个实验，读取测量仪器，或者和其他科学家解释、比较以及讨论测量结果的时候。我们不应该忘记，经验性的理论是建立在实验和经验明证性的基础之上的（Hua 6/128）。尽管观念化的科学理论超越了具体的、直观的被给予的生活世界，后者仍然是一个参考点和意义的基础（Hua 6/129）。

但是，生活世界到底是什么呢？不幸的是，不可能给出一个简单的答案。胡塞尔的概念是模糊的，而这个术语的准确意思取决于语境。非常一般地说，我们应该区分本体论的和先验的生活世界概念。当说到本体论的概念时，它又可以按如下的方式被分为：1) 有时，这个概念仅仅指的是前科学地被给予的经验世界，是我们在日常生活中将其视为理所当然的那个世界，我们非常熟悉它，并且从来不质疑它。2) 然而，胡塞尔有时会修正这个描述，他写到，生活世界逐渐地吸收了科学理论（Hua 6/132）。科学建立在生活世界的基础上，并且终将沉入其立足的基础。随着时间的流逝，理论假设被日常实践所吸收，成为生活世界的一部分：例如，我们都认为地球是圆的，尽管我们中只有少数真正见过；我们经常用一些被科学的动机所驱动的手段，例如维生素和防晒油。这个生活世界的修正概念的特征是，它并非是静态的。具体的生活世界有一个起源，并且处于永久的变化之中。

在某种程度上，这两个概念之间的区分能够和胡塞尔思想的内在发展联系起来。尽管在《观念Ⅰ》中，胡塞尔已经将理想的科学理论和前语言的经验世界之间的关联和奠基关系主题化了，但直到后来，特别是在《危机》里，他才真正开始关心科学理论的实际的历史性。

这个问题因下面的事实变得更复杂了，即胡塞尔不相信对生活世界进行纯粹的经验研究是充分的。哲学的任务须是去揭示生活世界的先天结构，即其本体论的本质。既然生活世界具有具体和相对的本性，就可以质疑这个任务是否从一开始就注定失败。生活世界是否正是某种无法用理论性固定下来的东西呢？然而，尽管生活世界以其角度性和相对的本性为特征，胡塞尔仍然认为，它具有一种基本的、不变的、形态学的结构。

在这里，胡塞尔采用了形态学的本质和观念性的本质之间的区分。如果我们的出发点是知觉性的世界，并且，如果我们研究通常在我们周围的对象，无论是诸如刀、钢笔或者眼镜之类的器具，还是诸如鸟、树木或者石头之类的自然对象，它们都以本质性的模糊性为特征，而我们对这些对象的分类，从本性上就只是近似的。如果我们试图将在几何学里才能找到的精确性和精密度强加给生活世界里的现象，我们就破坏了它们。

正如描述性的自然科学家那样，几何学家对实际上在感性上可直观的形状不感兴趣。像前者那样，几何学家不会形成那些含混的构造类型的形态学概念，那些类型在感性直观的基础上直接被把握，并且，在其含混性中被概念化和术语化地固定下来。这种概念的含混性，它们的应用领域变动的情况，并没有造成它们的缺陷；因为在其被用到的知识领域中，它们是绝对不可缺少的，或者在那些领域中，它们是唯一的合法概念。如果目标是给予直观性被给予的物理事物的直观性被给予的本质特征以合适的概念性表达,就恰恰意味着前者必须按被给予的样子被看待。并且,它们正是被作为变动的而被给予的;且典型的本质只有在直接性的分析的本质直观中,才能够作为被它们体现的而被把握。最完美的几何学和对它最完美的实践把握,也不能使描述性的自然科学家以如此简单、易懂和完全合适的方式,用"锯齿状的"、"圆齿状的"、"透镜形的"、"伞形的"等诸如此类的词语(用精确的代数概念)去表达——这些概念对他们来说都是本质地而非偶然地是不精确的,从而也是非数学的(Hua 3/155)。

尽管我们对生活世界里的现象的含混和不精确的描述,在现象的形态学结构中有一个本体论的相关物,精确科学还是想要克服这种含混性,由此就要使用被胡塞尔称为观念化(*idealization*)的方法。画一条完美的直线是不可能的,因为一个充分细致的测量总会揭示出小的误差。然而,在思想里,超越这些不完善性却是可能的。我们能够理解一个绝对直线的观念,并可以把它当作一个可以接近的理想。像"狗"这样的形态学概念,其指称某些我们能够实际上看到它的一个具体实例的东西,和这些概念相比,关于一条完美直线的概念就是一个精确的(和抽象的)概念。它并不描述任何实际上存在于自然里的东西,而是一个观念性的构造。

正如我们所看到的那样,胡塞尔认为,生活世界以其形态学的典型性为特征。根据他的观点,这不仅使对生活世界自身的理论探索成为可能,而且也使其他任何科学成为可能。假如生活世界是完全混乱的,那么,系统的理论将无处建立,而没有基础(Hua 6/142-

第三章　晚期胡塞尔：时间、身体、主体间性和生活世界

145）。因此，胡塞尔实际上坚持认为，对于每个可能的生活世界来说，都存在一个普遍和本质的结构，无论它在地理、历史或文化上有多大差异。并且，尽管这种普遍性实际上并不保证跨历史的和跨文化的理解，但至少正是这种普遍性使其成为可能，这便是胡塞尔对相对主义讨论的贡献。

这个本质结构到底由什么组成？这次，胡塞尔的回答又是模糊的。他通常强调的都是一些非常形式化的特征，如一个共同的时空性的世界形式（Hua 1/161-162, 4/83），并且将自然作为无条件的普遍和同一的东西（Ms. C17 45a）。但是在某些地方，他却选择一个不同的且更为具体的方式。这样，胡塞尔就让人们注意到每个生活世界都和功能性的身体（*functioning body*）相关这一事实。他继而主张，正是这个肉体性和它的一切所属物（如性欲、营养需要、生和死、共同体和传统）组成了这个普遍的结构，所有可想象的生活世界都依照它构建（Hua 15/433）。

我在前面曾提到生活世界的本体论的和先验的概念的区分。我们现在正需要讨论这个区分。尽管在对生活世界的本体论分析和对不同的科学领域（化学、生物学、物理学等等领域）的本体论分析之间存在差异，它们还是有一个共同的名称。在两种情况下，我们所面对的都是这样的本体论分析，它们从属于自然态度，从而不预设对先验还原的完成。就其自身来说，这显然暗示着我们研究仍未结束。并且实际上，胡塞尔在《危机》里的计划和大量的早期著作是完全一样的，即给我们提供一个对先验现象学的导论。更准确地说，《危机》的特性是，通向先验现象学之途是通过对客观主义的批判而进行下去的。通过首先表明科学理论植根于生活世界之中，

然后将生活世界本体论当作是对构成性分析的指导线索（参见边码第 50 页），胡塞尔试图证明，生活世界和科学都被先验主体（间）性所构成，并且正因为如此，客观主义和科学主义两者都必须被否决。因而，任何认为胡塞尔对生活世界的分析构成了与其先验方案的决裂的主张，都是错误的。生活世界被主观的视角所构成，并且和先验主体（间）性相关，或者使用一个胡塞尔最后几年所采用的术语，生活世界和主体间性的世界意识生活（*Weltbewußtseinsleben*）相关联（Hua 15/539）。

因而，胡塞尔反对科学客观主义的中心论证，在本性上是先验的。不仅知觉性地被给予的对象是意向性相关物，理论的观念物也是如此。后者也是被构成的意向对象，它们只有在与先验主体（间）性的相关性中被研究时，才能获得完全的可理解性。

二、常态性和传统

如果人们接受胡塞尔的实在是被主体间性地构成的这个信念，那么，他就不仅应该严肃地对待经验着世界的（world-experiencing）主体之间的共识，也要严肃地对待他们之间的异议。胡塞尔对这个问题的广泛分析，作为对其主体间性理论的阐明，最终使他进入了那些在传统里为精神病理学、社会学、人类学和人种学所保留的领域。虽然严格的康德式先验哲学会认为，那样的经验性和世间性领域没有任何先验相关性，但因为胡塞尔对先验主体间性的兴趣，他被迫从一个先验的立场来考察这些（Hua 15/391）。由此，我相信，胡塞尔的晚期思想以对先验和经验的东西之间关系的决定性的重新考察为特征，这个重新考察最终将会导致先验领域的扩张，它部分地产生于他对主体间性的兴趣,并且迫使他考虑诸如生成性、传统、历史性和常态性等概念的先验意义。①

我们来集中于常态性问题,这个概念曾被胡塞尔在许多不同的语境中提出,并且被看作是一个构成性的核心概念。基本上,胡塞尔认为,我们的经验是被对常态性的预期所指导的。我们的理解、经验和构成都被那些被早先的经验所建立起来的常态的和典型的结构、原型和模式所塑造(Hua 11/186)。如果我们所经验的东西和我们早先的经验相冲突——若它是不同的——我们就会具有一种非常态性的(anormality)经验,而它随后可能会导致对我们的预期的修改(Ms. D 13 234b, 15/438)。

一开始,胡塞尔结合他对发生在单个、孤独的主体的生活里的被动综合(passive synthesis)的分析,考察了常态性的影响。但是正如胡塞尔最终意识到的那样,主体间性也起着重要的作用。我从记事起就生活在人们当中,而我的预期是根据主体间性地传递下来

---

① 正如梅洛-庞蒂关于胡塞尔对于先验主体性的主体间性结构的观点的评论:"现在如果先验的是主体间性,先验的和经验的界限怎能禁得住变得不清晰?由于和其他人一起,所有看到我的其他人——我的所有的事实性——被重新整合到主体性中,或者至少被设定为其定义的一个不可或缺的元素。由此,先验的下降到历史中。或者我们可以说,历史的再也不是两个或更多绝对自律主体之间的外在关系,而是具有一个内部,并且正是它们的定义的一个固有的方面。他们再也不仅仅从与个体的自我的关系中将自己认作主体,而也在相互之间的关系中如此"(梅洛-庞蒂[Merleau-Ponty]1960,134[1964,107])。胡塞尔和梅洛-庞蒂之间有很多相似之处,且值得注意的是,在二战前就已经得到胡塞尔未出版手稿(参见范·布雷达[Van Breda]1962,410-430)的梅洛-庞蒂,常常以一种和当时盛行的观点不一致的方式解释胡塞尔,比如,他曾认为胡塞尔对历史性问题的态度比海德格尔要严肃(梅洛-庞蒂[Merleau-Ponty]1988,421-422)。参见扎哈维(Zahavi)2002a。

的统觉形式而形成的(参见 14/117, 125, 15/136)。常态性也是习俗性(conventionality),它在其存在中超越了个体(Hua 15/611)。[①]因此,在《观念 II》中,胡塞尔就指出了以下事实,即除了从他人那里起源的倾向之外,也存在风俗和传统所作出的不确定的要求:"某人"如此判断,"某人"以如此这般的方式拿叉子,等等(Hua 4/269)。我从他者那里(并且首先大多从我的至亲,即从抚养和教育我的人那里[Hua 15/428-429, 569, 602-604])学习到什么才是常态的,从而,我就进入了通过世代之链而向后伸展到晦暗的过去的一个共同的传统。

正如我已经提到的,胡塞尔对主体间性的处理的一个结果是,他也必须严肃地处理经验着世界的主体之间的不一致。如果我对客观性的构成取决于,我确信他者也经验到或者能够和我一样经验到同样的东西,那他们要是断言自己经验到不同的东西,就有问题了——尽管我们能够就存在一个争论达成共识,这个事实也已经暗示着某种共同的基础(Hua 15/47)。然而,正是在这个语境中,胡塞尔强调,只有共同体里的常态的成员的(不)一致,才具有相关性。当说到真实的存在必须对于每个人来说都是可经验的,正如他所说,我们所处理的是某种平常性(averageness)和观念化(Hua 15/141, 231, 629)。"每个人"是属于主体之间的常态性中的人,并且,他们正是在共同体之中、且通过共同体才成为常态的(Hua 15/142)。我们只和他争执关于我们共同的生活世界的真理和谬误,以及其存在和非存在。只有常态者才被理解为共同构成性的(Hua 15/162, 166, 9/497),而我和一个非常态者的不一致(起初)被看作

[①] 参见布兰德(Brand) 1979, 118。

是无关紧要的。①

让我给出一个具体而简单的说明。让我们想象一下,我正站在一座桥上欣赏一艘老帆船。然后,我转过去问我的朋友"难道你不认为它很美吗?"如果他认同,那么,对我经验的有效性的隐性确认就发生了。我确实感知到一艘真实存在的帆船。如果他看起来很迷惑,并且问:"哪艘帆船?"我自己的经验有效性就要经受某些变更。如果这个正在讨论的对象对于他者来说是不可通达的话,我就不能坚持我正在经验一艘真实的帆船(相比起仅仅是幻想出的帆船)这个信念。但是,这里的他者应该是常态的他者。如果在他问过我之后,他又问我是否忘记了他是盲人,那么,我们的不一致就不再相关了(参见 Hua 1/154, 15/48)。

这就很快证明了,区分至少两种基本类型的常态性是必要的。首先,当我们面对的是一个成熟、健康和理性的人时,才会论及常态性。在这里,非常态的就会是婴儿、盲人或精神分裂者。其次,当关系到我们自己的家园(homeworld)时,我们也谈及常态性,而非常态性就被归属给异地者,然而,假如满足某些条件,他们也能

---

① 给出一个具体的例子:我们对颜色的构成并不被存在不能感知它们的盲人这一事实所阻止(Hua 1/154, 15/48)。对于这个问题的更广泛的讨论可以参见比如:《论主体间性现象学 I》中,名为"客观性的唯我的和主体间性的常态和构成"("Solipsistische und intersubjektive Normalität und Konstitution von Objektivität")的一段文本(Hua 13/360-385),以及《论主体间性现象学 III》中分别名为"常态的世界和世界构成的非常态的参与问题"("Die Welt der Normalen und das Problem der Beteiligung der Anomalen an der Weltkonstitution")(Hua 15/13-142)和"先验主体性的绝然的结构。出自常态的世界的先验构成的问题"("Apodiktische Struktur der transzendentalen Subjektivität. Problem der transzendentalen Konstitution der Welt von der Normalität aus")的段落(Hua 15/148-170)。

被理解为相异的常态性中的成员。①

正是在这个语境下,不一致获得了一个重要的构成性意义。根据胡塞尔,只要我们能够融合不同的视角,对常态的主体之间的差异的经验(也包括对常态性的多元性的经验,每个常态性都拥有自己关于什么才算是真实的概念),就能够导致对世界更加全面的理解。不仅如此,只要我们以达到一个对我们所有人都有效的真理为目标,不一致还能够激发对科学的客观性的构成。正如已经提到的,科学的任务就是按其所是的那样去规定实在的本性,并且,要对所有(理性的)主体都具有无条件的有效性(Hua 6/324)。但是,对这个事业的一个决定性动机,正是那些我们认识到我们不是以同样的方式经验这个世界的情形。没有那样的经验,就不会产生开启对于非相对性知识的科学探索的动机。

胡塞尔还主张,区分几个不同层次的客观性是可能的。当一群色盲的主体一起考察一幅画的时候,他们所处理的也是一个主体间性地被构成的对象。当具有正常视力的人考察"同一幅"画的时候,他们所处理的仍然是一个主体间性地构成的对象。然而,两个群体的理解都可以以一个几何学描述为中介。由于它具有更加形式化(并且空洞的)的有效性,故具有更高程度的客观性。

因此,最终必须要区分1)那种在日常生活里已经足够的,只是与某个有限的主体间性相对应的客观性,和2)"严格的"或者科学的,对所有的主体都无条件有效的客观性(Hua 14/111)。然而,必须强调的是,这个非相对的真理的理念,实际上和大多日常的考虑

---

① 参见黑尔德(Held) 1991;洛马尔(Lohmar) 1994;以及斯坦博克(Steinbock) 1995。

不相关。在日常生活中，我们不和观念性的理论对象打交道，而是与工具和价值，与图画、雕像、书本、桌子、房子、朋友和家庭打交道(Hua 4/27)，而且我们的兴趣被对实践的考虑所指导。那满足了实践的东西就被看作是物自身(Hua 11/23)。

在与最后的和最高层次的构成的关联中——理论科学的客观性的构成——胡塞尔触及到了写作的重要性。意义只有在被写下来，并与人物、时间和地点的索引性联系相脱离时，才具有完全的客观性。不仅如此，作为被写下的东西，意义能够传诸后世，并且融入到知识的整体中，而被一代又一代的科学家所利用和添加。正如胡塞尔在《几何学起源》的著名的附录中所说的那样，全面而复杂的理论的发展要经过几个世纪，而如果没有写作的记录和保存功能，它们就是不可能的(Hua 6/369-374, 17/38, 349)。

作为某种集体记忆和知识的贮藏，写作有着重要的构成性影响(Hua 15/224)，但是，在胡塞尔看来，它也和两种危险相联系着。首先，胡塞尔让人们关注语言的诱惑力(Hua 6/372)。我们很容易被植根于语言的那些传承下来的假设、理解结构和解释形式所诱惑，而不是依赖于严格的明证性而生活和行动(参见 Hua 4/269)。[①] 其次，人们必须留意一个危险的客观主义。当观念物和它们与主体相关的起源相分离时，很容易完全忘记起构成作用的主体性。最终，胡塞尔认为，这两种危险都要对现代科学危机负责。

根据胡塞尔，科学理论于实践生活中逐渐产生。从历史上来

---

① 在某种程度上，胡塞尔的分析类似于海德格尔对于此在在"他们"的公共性中的迷失(being lost)的评论。参见海德格尔在《存在与时间》(§35)中对闲谈(idle talk)的分析。

讲，当一些新的类型的对象，例如几何学的观念物，被首次构成的时候，有些扩张视域的"原初的机构"(Urstiftungen)产生了，即发生了一系列的事件。逐渐地，这些新类型的理解被越来越广泛地应用；它们被一代又一代地传承下来，并最终变得如此熟悉和明显，以至于被视为理所当然的，正因为如此，它们的历史性和主观性起源被遗忘了。伽利略和他同时代的数学家们已经具有高度发展的数学了。数学被认为是当然的，甚至被看作是真实实在的表现。然而，当人们认识到生活世界的先验-历史的功能时，这个观点就不能再被坚持了。科学的客观主义的理想和我们在数学中所发现的理论的、观念化的态度，在任何意义上都不是自然的，而是一个历史性地发展起来的方法的产物，这是一个随后就被遗忘的事实。

胡塞尔对科学的历史起源的强调，绝不意味着任何把科学的观念物还原到经验性和事实性的实在物的企图，理解这一点十分重要。并且，他也没有试图在事实性的情况中奠基这些观念物的有效性。胡塞尔所谓的"回溯追问"(Rückfrage)（可以被翻译为"逆向研究"[a backward directed investigation]或者"回返研究"[a return inquiry]）并不试图去确认几何学的实际发现者，也不试图去重新建构理论的实际发展——胡塞尔并没有突然地对历史主义这个心理主义的表亲变得友善起来。相反，胡塞尔力图回答下面这个问题：科学必然地在历史中的某一点产生，并一代又一代地发展和传承下来，这对于我们对科学的评价有何意义？胡塞尔的结论是，通过科学理性而成为可能的构成性作用有一个起源，并且随着时间而发展，这可以被看成是对康德的先验哲学的静态本性的批评——对于康德来说，先验范畴从一开始就全部地被给予了。科学在其现在的形式上是一个传统,一个由先验主体组成的历史性共同体所构成的文化形态。①

胡塞尔对客观主义的批评,也可以看作是对限制科学的真理概念的有效性的尝试,这使我们确认了存在几种不同的、但是具有同等有效性的描述类型。通过一个和晚期维特根斯坦相似的论证,②胡塞尔写道:

> 如果一方面是真理的相对性和明证性,另一方面是超越所有相对性的、无限遥远的、理想的、绝对的真理,这样又如何呢?——如果两者都有其合法性,并且互相需要又如何呢?市场里的商人有他的市场真理。在它所处的关系当中,难道他的真理不是一个商人所能够使用的好的,甚至是最好的真理吗?难道仅仅因为那些具有不同的相关性,并且以另外的目标和观念来进行判断的科学家们追求其他的真理——通过这些真理能够做更多的事情,但是却不能做到在市场里所必须做的事情——就说商人的真理是伪真理吗?现在正是时候,特别是在哲学和逻辑学领域里,去克服被"精确"科学的理想、范导性的观念和方法所带来的迷惑,就好像这样的科学的自在状态实际上就是客观存在和真理的绝对准则一样(Hua 17/284 [278])。

因而,胡塞尔认为,不同层次的常态性和客观性之间存在相关性

---

① 胡塞尔对这一过程最有名的说明见于《危机》的第三个附录。参见德里达对这个附录的大量的评论(Derrida 1989)。
② 参见维特根斯坦(Wittgenstein) 1984, 290-291。

(Hua 15/155)。即使是绝对的、客观的存在和真理，都和与主体相关的常态性相关联，即和理性主体的常态性相关联（Hua 15/35-36）。

胡塞尔将常态性作为先验的哲学范畴来处理，这也能够使他的主体间性现象学的深远后果变得更为明确。例如，胡塞尔思想的历史性维度变得可见了。我自己的在世界中的家园的常态性，通过传统和生成性而确立，并因此是历史性的。常态性是一个受限于传统的规范的集合。因而，胡塞尔甚至认为，常态的生活是生成性的，并且主张，任何常态的人作为一个历史共同体的成员都是历史性的（Hua 15/138-139，431）。

> 我从我自身内所生成（原初地确立）的都是我的。但是我是一个"时代的孩子"；在最广的意义上，我是我们-共同体的成员——一个拥有其传统，并对它来说，以一种新的方式与生成性的主体，即最近和最远的祖先相联系的共同体。并且，这些"影响到"我：我作为一个继承者而是我所是（Hua 14/223）。

此外，客观性和共同的客观世界的构成被看作一个历史性的过程（Hua 15/421）。"客观性"和"实在"作为意义构成都具有主体间性地假定的地位，它们远非已经被构成了的（Hua 15/220），而是只能在一个无穷的社会化和视域融合的过程中被实现。换言之——这里是胡塞尔在说，而不是阿佩尔或者哈贝马斯——绝对真理（实在的存在）表明了一种观念化；我们将一个范导性的理想和一个观念的共识的相关物一起讨论，这一共识是开放的主体间的共同体的观念的共识，这一共识可以在一个永久的更正过程中被接近，尽管它永远不能被达到,因为每个事实上被达到的共识在原则上都向进一步的更正敞开(Hua 8/52, 3/331, 6/282, 1/138, 15/33)。① 从而,胡塞尔能够写道,不存在停滞的世界,因为它只有在其常态性和非常态性的相对性中才被给予我们(Hua 15/212, 381, 6/270。Ms. C17 31a)。世界的存在只在表面上才是稳定的,而实际上,它是一个对常态性的构建(a construction of normality),而这在原则上是可能崩溃的(Hua 15/214)。

胡塞尔试图给先验哲学增加一个历史性维度的事实,也能够以一种不同的方式来说明。胡塞尔在某处写道,世界的超越性是通过他者和被生成性地构成的共在-主体性而被构成的(Ms. C 17 32a)。正是这个生成性主体间性的概念(Hua 15/199)表明,胡塞尔不再把主体的生和死看成纯粹的偶然事实,而将其看成是对世界的构成来说先验的可能性条件(Hua 15/171)。正如他在《危机》中所说,与一个历史性的、生成性的背景的融合,正像自我的时间结构那样,不可分离地属于自我(Hua 6/256)。换言之,胡塞尔认为,主体在一个活着的传统里的嵌入性具有构成性的意义,并且正如我早先所提到的那样(参见边码第 120 页),最终有可能将匿名的常态性作为第三种先验主体间性而谈论。事情不仅仅是我作为一个常态性相关物生活在一个世界里,这是一个被对于他者的指涉所渗透的世界,并且他者已经给这个世界提供了意义,也不仅仅是我通过一个传统的、传承下来的语言习俗来理解这个世界(和我自身)。"历史性实在"这个范畴本身意味着一类超越性,它只能在我接受传统意义的

---

① 这并不意味着完全不存在绝然的真理,而只是所有可以被更改的,原则上都向进一步的更改敞开。

情况下才能被构成,而传统意义起源于在我之外的历史性的过去中。

难道在这个背景下,就可能推论出胡塞尔在他思想的最后阶段,用历史性的生活世界共同体替代了作为现象学的出发点的先验自我吗?不,当然不能。尽管他确实把先验主体间性当作先验基础,但是不要忘记,胡塞尔的现象学方法仍然是很重要的。没有我的中心化,就没有共同体,并且,如果没有主体间性得以在其中展开自身的先验原初自我,就没有生成性的主体间性(Hua 15/426)。正如胡塞尔多次强调的那样,"我们"从我延伸至同时的、过去的和未来的他者(Hua 15/61,139,142,499);历史性首要的是我们的现在(Hua 6/382)。换言之,对历史性的过去和先前的世代的先验分析,更一般地说,所有超越主体有限性的意义分析,都必须以第一人称视角为出发点。

很可能没有人会断言,胡塞尔成功地以确定的和结论性的方式将历史性和先验性融为一体了。然而,这是他在思想的最后阶段试图做的事情,而当对其哲学的范围和全面性进行评价时,我们就必须重视这一点。至于它究竟是一个能够进一步发展的有成效的方法,还是一个最终没有结论的草稿,这是可以讨论的。胡塞尔没有支持一种经典的笛卡尔-康德式主体哲学,并且他也不是一个唯我主义者,相反,胡塞尔把主体间性作为一个极其重要的先验哲学概念,这些应该都已经被证明了。[1]

---

[1] 对胡塞尔生活世界概念更广泛的讨论,见德里达(Derrida)1989;克莱斯格斯(Claesges)1972;阿居雷(Aguirre)1982,86-149;索弗(Soffer)1991;黑尔德(Held)1997;贝奈特(Bernet)1994,93-118;斯坦博克(Steinbock)1995。

结　　论

毋庸置疑，胡塞尔是20世纪哲学的一个中心人物。众所周知，他是现象学的创立者，他发展了意向性理论和生活世界的概念，最后，他是海德格尔的老师，这一点亦很重要。然而，在很长一段时间内，下面这一点都被当作常识了，即：尽管胡塞尔有最好的意愿，他还是不能使自己从经典的在场的形而上学中解脱出来。胡塞尔始终深信，实在和他者都是由一个纯粹的（非肉身化的和无世界的）先验主体所构成，从而他的思想仍然是基础主义、唯心主义和唯我主义的。因此，尽管胡塞尔仍须被尊为一位创始人，但他的地位却已被海德格尔无法逆转地超越了，并且后来的现象学家、解释学家、解构主义者和语言哲学家，都有充分的理由和他拉开距离。

但在我的陈述中，应该变得明确的是，这个广泛流行的对胡塞尔的解释，现在必须被看作是过时的了。这个解释之所以存在这么长时间，原因之一与近来的德国历史有关。在纳粹时期（1933-1945），胡塞尔的哲学不被教授，因为他有犹太血统。而这意味着，整整一代的德国哲学家都在海德格尔式的现象学下受到训练。并且，尽管在20世纪30年代，法国就开始对胡塞尔感兴趣，但是战后，就连法国人也是透过海德格尔的眼睛来阅读胡塞尔。以少数几个例外来说，是从20世纪60年代起，当一些年轻的哲学家（包括黑尔德和克莱斯格斯)以胡塞尔的研究手稿中的主题做博士论文时，胡塞尔研究才迈出了决定性的一步。

胡塞尔全集的连续出版使得——并且持续使得——人们能够获得更多大量的胡塞尔的研究手稿，而对这些手稿的研究，使得修正和更改一些广泛的和主要的解释成为必要。以上的原因不仅在于，胡塞尔的研究手稿的出版，使得我们可能对胡塞尔现象学的核心概念得到一个补充性的理解，并且也是因为，这些手稿揭示了他思想的某些方面，这些方面仅仅通过对胡塞尔自己最初出版的那些著作的研究，如果说不是不可能的，也会是很困难的。

用几个例子来说明一下。早在1966年，当《被动综合分析》出版的时候，胡塞尔决不仅仅专注于对纯粹主动的和自发的主体性的分析这点，就变得显而易见了。相反，对被动起源的深层维度的阐明被给予了绝对核心的重要性。7年之后，当耿宁出版《论主体间性现象学I-III》时，大量的材料被发表出来，这不仅使那些先前对胡塞尔关于主体间性的分析的讨论——局限于《观念II》，尤其是《笛卡尔式的沉思》中的那些讨论——过时，而且最终，引用施特拉塞尔(Strasser)的话来说，使得所有当前关于胡塞尔哲学的内容的观点变得不充分。① 1988年梅勒(Ullrich Melle)出版的这卷《伦理学和价值理论演讲1908-1914》(*Vorlesungen über Ethik und Wertlehre 1908-1914*)，使人们可以获得大量揭示胡塞尔对伦理学和价值理论兴趣的文本。这揭示了胡塞尔研究的实践领域，并从而修改了认为胡塞尔只关心纯粹理论的标准解释。

---

① 参见施特拉塞尔(Strasser) 1975, 33。

一直以来都习惯将胡塞尔的思想分为几个不同的阶段：决定性的分裂被认为是发生在《算术哲学》(1891)和《逻辑研究》(1900-1901)之间，因为胡塞尔就在这个时期开始批判他自己原先的心理主义；在《逻辑研究》和《纯粹现象学的观念和现象学哲学I》(1913)之间，准确来说，是在1905-1908期间，胡塞尔转而支持一种先验的现象学而放弃了纯粹描述的现象学；在1917-1921年间，所谓的静态的现象学被发生性的现象学所补充；最终，在《笛卡尔式的沉思》(1929)和《欧洲科学的危机和先验现象学》(1936)之间，按照推测，胡塞尔放弃了他的主体中心的先验哲学，转而支持一种建立在生活世界基础上的现象学。

这个传统的解释是误导性的。尽管所有这些评论都包括一个更大的，或者在某些情况下更小的真理的核心，但是，认为胡塞尔的著作以一系列的决定性的断裂为特征的这个观念，却是一个人们获得的只是由他出版的那些著作的时代的残留物。当人们阅读他的演讲和研究手稿时，胡塞尔思想的连续性就会变得很明显。当然，他的早期和晚期的著作之间，有一个发展过程和决定性的差异，这是无可置疑的。但是，首先，我们经常能够在早期的著作中预见到后来发生的变化；其次，那些变化决不是极端到使得我们可以谈论一个真正的断裂。

在早期，核心的文本是由必读的经典卷册如《逻辑研究》《观念I》《笛卡尔式的沉思》和《危机》所组成，现在却不是这样了。关注中心和范围已经被扩展到包括现在所有能获得的胡塞尔全集的卷册，并且，除了已经被提到的卷册以外，《第一哲学(II)》《现象学的心理学》和《危机》的修订版（*Ergänzungsband zur Krisis*），都被证明是十分重要的演讲。这个关注点的改变产生了一种新的解释，它不仅是以强调胡塞尔思想的事实性、被动性、他异性和伦理学等维度为特征；也使人们能够对经典卷册进行重新解释，并从而揭示他的思想发展的统一性和一致性，否则，这些特性可能仍然被遮蔽。①

* * *

我的陈述关注了胡塞尔思想的几个中心主题。我花时间反驳了一些广泛的误解，但这并不是为了尽力使胡塞尔免于批评。相反，我已经努力清除一些使人迷惑的错误解释，这些错误解释在很长一段时间内，蒙蔽了胡塞尔思想里真正的中心主题。我希望由此为新的和更有建设性的批评创造空间，从而使得讨论能向前发展。

在许多我无暇讨论的方面，可以举出一些，比如胡塞尔对意向性的远为复杂的研究；他对自我的和人格的结构讨论；他对语言的和前语言的意义的关系的分析；他对被动性的作用的研究，包括他对本能和无意识的分析；他对逻辑和数学的基础的分析，更不用说他对政治学、伦理学、美学和宗教的反思了。

然而，我希望这本书能够展示胡塞尔思想的范围、丰富性和当代的相关性。我希望我的陈述能够激励读者转向胡塞尔自己的著作，不仅因为对这些著作的研究仍是理解现象学的不可或缺的前提，也是因为这些著作自身具有内在的哲学价值。

---

① 人们可以在德普拉（Depraz 1998）和扎哈维（Zahavi 1998）中找到很多体现这一范式转换的贡献。

(仅举几例)诸如舍勒、海德格尔、萨特、梅洛-庞蒂、列维纳斯、舒茨、利科、亨利和德里达等人都非常感激胡塞尔,这不是没有理由的。尽管在其哲学的后继者中,一直有一种通过批判胡塞尔来强调他们自己的优点的倾向,但是,现在人们能够觉察到,胡塞尔现象学的独特性越来越受到重视。他不再仅仅被看成是海德格尔、梅洛-庞蒂或者列维纳斯的先行者;他不再被看成是现象学历史中的被超越的章节。

参 考 文 献

文本和脚注中所使用的胡塞尔文集（Husserliana）被缩写为 Hua.①

Husserliana 1. *Cartesianische Meditationen und Pariser Vorträge*. Ed. Stephan Strasser. Den Haag: Martinus Nijhoff, 1950, rpt. 1973; *The Paris Lectures*. Trans. Peter Koestenbaum. The Hague: Martinus Nijhoff, 1964 (1/3–39); *Cartesian Meditations: An Introduction to Phenomenology*. Trans. Dorion Cairns. The Hague: Martinus Nijhoff, 1960 (1/43–183).

Husserliana 2. *Die Idee der Phänomenologie. Fünf Vorlesungen*. Ed. Walter Biemel. Den Haag: Martinus Nijhoff, 1950, rpt. 1973; *The Idea of Phenomenology*. Trans. William P. Alston and George Nakhnikian. The Hague: Martinus Nijhoff, 1964.

Husserliana 3, 1–2. *Ideen zu einer reinen Phänomenologie und phänomenologischen Philosophie. Erstes Buch. Allgemeine Einführung in die reine Phänomenologie*. Ed. Karl Schuhmann. Den Haag: Martinus Nijhoff, 1976; *Ideas Pertaining to a Pure Phenomenology and to a Phenomenological Philosophy. First Book. General Introduction to a Pure Phenomenology*. Trans. Fred Kersten. The Hague; Martinus Nijhoff, 1982.

Husserliana 4. *Ideen zu einer reinen Phänomenologie und phänomenologischen Philosophie. Zweites Buch. Phänomenologische Untersuchungen zur Konstitution*. Ed. Marly Biemel. The Hague: Martinus Nijhoff, 1952; *Ideas Pertaining to a Pure Phenomenology and to a Phenomenological Philosophy. Second Book. Studies in the Phenomenology of Constitution*. Trans. Richard Rojcewicz and André Schuwer. Dordrecht: Kluwer Academic Publishers, 1989.

---

① 本书单包括胡塞尔著作的一些英文翻译的信息，也即我在本书中参考过的英文翻译的信息（感谢伊丽莎白·本克［Elizabeth Behhke］编撰这些参考文献）。关于胡塞尔著作的英文翻译的完整书目，可参见斯蒂芬·斯皮勒（Steven Sileer）编撰的《胡塞尔参考文献》(*Husserl Bibliography*)，也即胡塞尔文档第四卷（Husserliana Dokumente 4.），Dordrecht: Kluwer Academic Publishers, 1999。

Husserliana 5. Ideen zu einer reinen Phänomenologie und phänomenologischen Philosophie. Drittes Buch: Die Phänomenologie und die Fundamente der Wissenschaften. Ed. Marly Biemel. The Hague: Martinus Nijhoff, 1952, rpt. 1971; *Ideas Pertaining to a Pure Phenomenology and to a Phenomenological Philosophy. Third Book. Phenomenology and the Foundations of the Sciences.* Trans. Ted E. Klein and William E. Pohl. The Hague: Martinus Nijhoff, 1980 (5/1–137); *Ideas Pertaining to a Pure Phenomenology and to a Phenomenological Philosophy. Second Book. Studies in the Phenomenology of Constitution.* Trans. Richard Rojcewicz and André Schuwer. Dordrecht: Kluwer Academic Publishers, 1989, 405–430 (5/138–162).

Husserliana 6. *Die Krisis der europäischen Wissenschaften und die transzendentale Phänomenologie. Eine Einleitung in die phänomenologische Philosophie.* Ed. Walter Biemel. The Hague: Martinus Nijhoff, 1954, rpt. 1962; *The Crisis of European Sciences and Transcendental Phenomenology: An Introduction to Phenomenological Philosophy.* Trans. David Carr. Evanston, IL: Northwestern University Press, 1970 (6/1–348, 357–386, 459–462, 473–475, 508–516).

Husserliana 7. *Erste Philosophie (1923/24). Erster Teil. Kritische Ideengeschichte.* Ed. Rudolf Boehm. The Hague: Martinus Nijhoff, 1956.

Husserliana 8. *Erste Philosophie (1923/24). Zweiter Teil. Theorie der phänomenologischen Reduktion.* Ed. Rudolf Boehm. The Hague: Martinus Nijhoff, 1959.

Husserliana 9. *Phänomenologische Psychologie. Vorlesungen Sommersemester 1925.* Ed. Walter Biemel. The Hague: Martinus Nijhoff, 1962; *Phenomenological Psychology: Lectures, Summer Semester, 1925.* Trans. John Scanlon. The Hague: Martinus Nijhoff, 1977 (9/3–234); *Psychological and Transcendental Phenomenology and the Confrontation with Heidegger (1927–1931).* Ed. and trans. Thomas Sheehan and Richard E. Palmer. Dordrecht: Kluwer Academic Publishers, 1997 (9/237–349, 517–526).

Husserliana 10. *Zur Phänomenologie des inneren Zeitbewusstseins (1893–1917).* Ed. Rudolf Boehm. The Hague: Martinus Nijhoff, 1966; *On the Phenomenology of the Consciousness of Internal Time (1893–1917).* Trans. John Barnett Brough. Dordrecht: Kluwer Academic Publishers, 1991.

Husserliana 11. *Analysen zur passiven Synthesis. Aus Vorlesungs- und Forschungsmanuskripten 1918–1926.* Ed. Margot Fleischer. The Hague: Martinus Nijhoff, 1966.

Husserliana 12. *Philosophie der Arithmetik.* Ed. Lothar Eley. The Hague: Martinus Nijhoff, 1970.

Husserliana 13. *Zur Phänomenologie der Intersubjektivität. Texte aus dem Nachlass. Erster Teil: 1905–1920.* Ed. Iso Kern. The Hague: Martinus Nijhoff, 1973.

Husserliana 14. *Zur Phänomenologie der Intersubjektivität. Texte aus dem Nachlass.*

Zweiter Teil: 1921–1928. Ed. Iso Kern. The Hague: Martinus Nijhoff, 1973.
Husserliana 15. *Zur Phänomenologie der Intersubjektivität. Texte aus dem Nachlass. Dritter Teil: 1929–1935.* Ed. Iso Kern. The Hague: Martinus Nijhoff, 1973.
Husserliana 16. *Ding und Raum. Vorlesungen 1907.* Ed. Ulrich Claesges. Den Haag: Martinus Nijhoff, 1973; *Thing and Space: Lectures of 1907.* Trans. Richard Rojcewicz. Dordrecht: Kluwer Academic Publishers, 1997.
Husserliana 17. *Formale und transzendentale Logik. Versuch einer Kritik der logischen Vernunft.* Ed. Paul Janssen. The Hague: Martinus Nijhoff, 1974; *Formal and Transcendental Logic.* Trans. Dorion Cairns. The Hague: Martinus Nijhoff, 1969 (17/5–335).
Husserliana 18. *Logische Untersuchungen. Erster Band. Prolegomena zur reinen Logik.* Ed. Elmar Holenstein. The Hague: Martinus Nijhoff, 1975; *Logical Investigations.* 2 vols. Trans. J. N. Findlay. London: Routledge & Kegan Paul, 1970, 41–247.
Husserliana 19, 1–2. *Logische Untersuchungen. Zweiter Band. Untersuchungen zur Phänomenologie und Theorie der Erkenntnis.* Ed. Ursula Panzer. The Hague: Martinus Nijhoff, 1984; *Logical Investigations.* 2 vols. Trans. J. N. Findlay. London: Routledge & Kegan Paul, 1970, 248–869.
Husserliana 20. *Logische Untersuchungen. Ergänzungsband. Erster Teil.* Ed. Ullrich Melle. Dordrect: Kluwer Academic Publishers, 2002.
Husserliana 21. *Studien zur Arithmetik und Geometrie.* Ed. Ingeborg Strohmeyer. The Hague: Martinus Nijhoff, 1983
Husserliana 22. *Aufsätze und Rezensionen (1890–1910).* Ed. Bernhard Rang. The Hague: Martinus Nijhoff, 1979.
Husserliana 23. *Phantasie, Bildbewußtsein, Erinnerung.* Ed. Eduard Marbach. Dordrecht: Kluwer Academic Publishers, 1980.
Husserliana 24. *Einleitung in die Logik und Erkenntnistheorie. Vorlesungen 1906/07.* Ed. Ullrich Melle. Dordrecht: Martinus Nijhoff, 1984.
Husserliana 25. *Aufsätze und Vorträge (1911–1921).* Ed. Thomas Nenon and Hans Rainer Sepp. Dordrecht: Martinus Nijhoff, 1987.
Husserliana 26. *Vorlesungen über Bedeutungslehre. Sommersemester 1908.* Ed. Ursula Panzer. Dordrecht: Martinus Nijhoff, 1987.
Husserliana 27. *Aufsätze und Vorträge (1922–1937).* Ed. Thomas Nenon and Hans Rainer Sepp. Dordrecht: Kluwer Academic Publishers, 1989.
Husserliana 28. *Vorlesungen über Ethik und Wertlehre (1908–1914).* Ed. Ullrich Melle. Dordrecht: Kluwer Academic Publishers, 1988.
Husserliana 29. *Die Krisis der europäischen Wissenschaften und die transzendentale Phänomenologie. Ergänzungsband. Texte aus dem Nachlass 1934–1937.* Ed. Reinhold N. Smid. Dordrecht: Kluwer Academic Publishers, 1993.

Husserliana 30. *Logik und allgemeine Wissenschaftstheorie*. Ed. Ursula Panzer. Dordrecht: Kluwer Academic Publishers, 1996.
Husserliana 31. *Aktive Synthesen: Aus der Vorlesung 'Transzendentale Logik' 1920–21. Ergänzungsband zu 'Analysen zur passiven Synthesis'*. Ed. Roland Breeur. Dordrecht: Kluwer Academic Publishers, 2000.
Husserliana 32. *Natur und Geist. Vorlesungen Sommersemester 1927*. Ed. Michael Weiler. Dordrecht: Kluwer Academic Publishers, 2001.
Husserliana 33. *Die 'Bernauer Manuskripte' über das Zeitbewußtsein 1917/18*. Ed. Rudolf Bernet and Dieter Lohmar. Dordrecht: Kluwer Academic Publishers, 2001.

胡塞尔的通信集于 1994 年出版：
Husserl, E. *Briefwechsel*. Husserliana Dokumente III/1–10. Ed. Karl Schuhmann and Elisabeth Schuhmann. Dordrecht: Kluwer Academic Publishers, 1994.

2001 年，Kluwer 出版社开始出版一个精心编撰的胡塞尔文集序列，不过这个系列，和 Husserliana 不同，没有批判考证性部分，而且也没有历史性和系统性的导论。迄今为止出版了四卷：
Husserliana Materialienbände 1. *Logik. Vorlesung 1896*. Ed. Elisabeth Schuhmann. Dordrecht: Kluwer Academic Publishers, 2001.
Husserliana Materialienbände 2. *Logik. Vorlesung 1902/03*. Ed. Elisabeth Schuhmann. Dordrecht: Kluwer Academic Publishers, 2001.
Husserliana Materialienbände 3. *Allgemeine Erkenntnistheorie. Vorlesung 1902/03*. Ed. Elisabeth Schuhmann. Dordrecht: Kluwer Academic Publishers, 2001.
Husserliana Materialienbände 4. Natur un Geist. Vorlesungen Sommersemester 1919. Ed. Michael Weiler. Dordrecht: Kluwer Academic Publishers, 2002.

胡塞尔未被收录在胡塞尔文集中最重要的作品是：
Husserl, E. *Erfahrung und Urteil*. Ed. Ludwig Landgrebe. Hamburg: Felix Meiner, 1985.

本书中所有对研究手稿的引用都以 Ms. 加上手稿的命名方式作为标记。这些手稿是藏于比利时鲁汶大学胡塞尔档案馆的速写手稿原稿。（这些手稿中相当一部分已经被转写出来，转写稿藏于德国的科隆大学、弗莱堡大学以及纽约的社会研究新学院[New School of Social Research]，匹茨堡的杜肯大学以及巴黎的巴黎高师。）胡塞尔的手稿分为如下不同的范畴：

A. Mundane Phenomenology
B. The Reduction
C. Time-Constitution as Formal Constitution
D. Primordial constitution (*Urkonstitution*)
E. Intersubjective Constitution
F. Lecture Courses and Public Lectures
K. Autographs, Not Included in the Critical Inventory of 1935.
L. The Bernau Manuscripts
M. Copies of Husserl's Manuscripts in Running Hand or Typescript, Carried Out by Husserl's Assistants Earlier than 1938
N. Transcriptions
P. Manuscripts by other Authors
Q. Husserl's Notes from Lecture Courses by His Teachers
R. Letters
X. Archival Material

本书中我参考了如下手稿：

A III 9 (1920–1921)
A V 5 (1933)

B I 14 (1934)
B III 12 IV (1922)

C 2 (1931–1932)
C 3 (1930–1931)
C 7 (1932)
C 10 (1931)
C 12 (no date)
C 16 (1931–1933)

C 17 (1930–1932)

D 12 (1931)
D 13 (1921)

E III 2 (1920–1921, 1934–1936)
E III 4 (1930)

L I 15 (1917)
L I 19 (1917–1918)
L I 20 (no date, but presumably 1918)

我推荐如下关于胡塞尔哲学的一般性导论：

Bernet, R.; Kern, I.; and Marbach, E. *An Introduction to Husserlian Phenomenology*. Evanston, IL: Northwestern University Press, 1993.

Dastur, F. *Husserl. Des mathématiques à l'histoire.* Paris: PUF, 1995.
Held, K. "Einleitung". In Husserl, E. *Die phänomenologische Methode: Ausgewählte Texte I*, s.5–51. Stuttgart: Reclam, 1985.
———. "Einleitung". In Husserl, E. *Phänomenologie der Lebenswelt: Ausgewählte Texte II*, s.5–53. Stuttgart: Reclam, 1986.
Sokolowski, R. *Husserlian Meditations.* Evanston, IL: Northwestern University Press, 1974.
———. *Introduction to Phenomenology.* Cambridge: Cambridge University Press, 2000.

除了本书中已经引用的著作，下列著作也是对胡塞尔研究经典且重要的文献：

Adorno, T.W. *Zur Metakritik der Erkenntnistheorie.* Frankfurt am Main: Suhrkamp, 1981.
Aguirre, A. *Genetische Phänomenologie und Reduktion.* The Hangue: Martinus Nijhoff, 1970.
———. *Die Phänomenologie Husserls im Licht ihrer gegenwärtigen Interpretation und Kritik.* Darmstadt: Wissenschaftliche Buchgesellschaft, 1982.
Apel, K.-O. *Transformation der Philosophie I–II.* Frankfurt am Main: Suhrkamp, 1973.
Augustine. *The Confessions of St. Augustine.* London: Thomas Nelson and Sons, 1937.
Becker, O. *Beiträge zur phänomenologischen Begründung der Geometrie und ihrer physikalischen Anwendung.* Tübingen: Max Niemeyer, 1973.
Benoist, J. *Autour de Husserl.* Paris: Vrin, 1994.
Benoist, J. *Phénoménologie, sémantique, ontologie. Husserl et la tradition logique autrichienne.* Paris: PUF, 1997.
Bernet, R. "Bedeutung und intentionales Bewußtsein. Husserls Begriff des Bedeutungsphänomens." *Phänomenologische Forschungen* 8, 1979, 31–63.
———. "Die ungegenwärtige Gegenwart. Anwesenheit und Abwesenheit in Husserls Analyse des Zeitbewußtseins." *Phänomenologische Forschungen* 14 (1983): 16–57.
———. "Husserls Begriff des Noema." In S. Isseling, ed., *Husserl-Ausgabe und Husserl-Forschung.* Dordrecht: Kluwer Academic Publishers, 1990, 61–80.
———. *La vie du sujet.* Paris: PUF, 1994.
Bernet, R; Kern, I; Marbach, E. *Edmund Husserl. Darstellung seines Denkens.* Hamburg: Felix Meiner, 1989.

Biemel, W. "Die entscheidenden Phasen der Entfaltung von Husserls Philosophie." *Zeitschrift für philosophische Forschung* 13 (1959): 187–213.

Boehm, R. *Vom Gesichtspunkt der Phänomenologie.* The Hague: Martinus Nijhoff, 1968.

———. "Zur Phänomenologie der Gemeinschaft. Edmund Husserls Grundgedanken." In T. Würtenberger, ed., *Phänomenologie, Rechtsphilosophie, Jurisprudenz*, Frankfurt am Main: Suhrkamp, 1969, 1–26.

Brand, G. *Welt, Ich und Zeit. Nach unveröffentlichten Manuskripten Edmund Husserls.* The Hague: Martinus Nijhoff, 1955.

———. "Die Normalität des und der Anderen und die Anomalität einer Erfahrungs-gemeinschaft bei Edmund Husserl." In W. M. Sprondel and R. Grathoff, eds., *Alfred Schütz und die Idee des Alltags in den Sozialwissenschaften.* Stuttgart: Ferdinand Enke, 1979, 108–124.

Brentano, F. *Psychologie vom empirischen Standpunkt I–II.* Hamburg: Felix Meiner, 1924–1925.

Brough, J.B. "The Emergence of an Absolute Consciousness in Husserl's Early Writings on Time-Consciousness." *Man and World* 5 (1972): 298–326.

———. "Temporality and the Presence of Language: Reflections on Husserl's Phenomenology of Time-consciousness." In A. Schuwer, eds., *Phenomenology of Temporality: Time and Language.* Pittsburgh, PA: Duquesne University Press, 1987, 1–31.

———. "Husserl and the Deconstruction of Time." *Review of Metaphysics* 46 (1993): 503–536.

Bruzina, R. "Solitude and Community in the Work of Philosophy: Husserl and Fink." *Man and World* 22 (1989): 287–314.

Cairns, D. *Conversations with Husserl and Fink.* The Hague: Martinus Nijhoff, 1976.

Carr, D. "The 'Fifth Meditation' and Husserl's Cartesianism." *Philosophy and Phenomenological Research* 34 (1973): 14–35.

———. *The Paradox of Subjectivity. The Self in the Transcendental Tradition.* Oxford: Oxford University Press, 1999.

Claesges, U. *Edmund Husserls Theorie der Raumkonstitution.* The Hague: Martinus Nijhoff, 1964.

———. "Zweideutigkeiten in Husserls Lebenswelt-Begriff." In U. Claesges and K. Held, eds., *Perspektiven transzendentalphänomenologischer Forschung*, The Hangue: Martinus Nijhoff, 1972, 85–101.

Cobb-Stevens, R. *Husserl and Analytical Philosophy.* Dordrecht: Kluwer, 1990.

Cristin, R. "Phänomenologie und Monadologie. Husserl und Leibniz." *Studia Leibnitiana* XXII/2 (1990): 163–174.

Dastur, F. *Husserl. Des mathématiques à l'histoire.* Paris: PUF, 1995.
De Boer, T. *The Development of Husserl's Thought.* The Hague: Martinus Nijhoff, 1978.
Depraz, N. *Transcendance et Incarnation. Le statut de l'intersubjectivité comme altérité à soi chez Husserl.* Paris: Vrin, 1995.
Depraz, N., and Zahavi, D., eds., *Alterity and Facticity. New Perspectives on Husserl.* Dordrecht: Kluwer, 1998.
Derrida, J. *La voix et le phénomène. Introduction au problème du signe dans la phénoménologie de Husserl.* Paris: PUF, 1967a.
———. *L'écriture et la différence.* Paris: Éditions du Seuil, 1967b.
———. *Edmund Husserl's 'Origin of Geometry'—An Introduction.* Lincoln: University of Nebraska Press, 1989.
Descartes, R. *The Philosophical Writings of Descartes I–II.* J. Cottingham, R. Stoothoff and D. Murdoch, eds., Cambridge: Cambridge University Press, 1984.
Diemer, A. *Edmund Husserl—Versuch einer systematischen Darstellung seiner Phänomenologie.* Meisenhaim am Glan: Anton Hain, 1965.
Dreyfus, H.L., and Hall, H., eds., *Husserl, Intentionality and Cognitive Science.* Cambridge, MA: MIT Press, 1982.
Dreyfus, H.L. "Introduction." In Dreyfus, H.L., and Hall, H. eds., *Husserl, Intentionality and Cognitive Science.* Cambridge, MA: MIT Press, 1982, 1–27.
———. "Husserl's Perceptual *Noema.*" In H.L. Dreyfus, (ed., *Husserl, Intentionality and Cognitive Science.* Cambridge, MA: MIT Press, 1982, 97–123.
———. "Husserl's Epiphenomenology." In H.R. Otto and J.A. Tuedio, eds., *Perspectives on Mind.* Dordrecht: D. Reidel, 1988, 85–104.
———. *Being-in-the-World.* Cambridge, MA: MIT Press, 1991.
Drummond, J.J. "Husserl on the Ways to the Performance of the Reduction." *Man and World* 8 (1975): 47–69.
———. *Husserlian Intentionality and Non-Foundational Realism.* Dordrecht: Kluwer, 1990.
———. "An Abstract Consideration: De-ontologizing the Noema." In J.J. Drummond and L. Embree eds., *The Phenomenology of the Noema,* 89–109. Dordrecht: Kluwer Academic Publishers, 1992.
Duval, R. *Temps et vigilance.* Paris: Vrin, 1990.
Fink, E. "Die phänomenologische Philosophie Edmund Husserls in der gegenwärtigen Kritik." *Kantstudien* 38 (1933): 319–383; "The Phenomenological Philosophy of Edmund Husserl and Contemporary Criticism." In R. O. Elveton, ed., *The Phenomenology of Husserl: Selected Critical Readings* Chicago: Quadrangle Books, 1970, 74–147; 2nd ed., Seattle: Noesis Press, 2000, 70–139.

———. "Das Problem der Phänomenologie Edmund Husserls." *Revue International de Philosophie 1* (1939): 226–270.

———. "Operative Begriffe in Husserls Phänomenologie." *Zeitschrift für philosophische Forschung* 11 (1957): 321–337.

———. *Studien zur Phänomenologie. 1930–1939*. The Hague: Martinus Nijhoff, 1966.

———. *Nähe und Distanz*. Munich: Karl Alber, 1976.

———. *VI. Cartesianische Meditation I–II*. Dordrecht: Kluwer, 1988a&b.

Fisette, D. *Lecture frégéenne de la phénomenologie*. Combas: L'éclat, 1994.

Franck, D. *Chair et Corps. Sur la phénoménologie de Husserl*. Paris: Les Éditions de Minuit, 1981.

Føllesdal, D. "Husserl's Notion of Noema." *Journal of Philosophy* 66 (1969): 680–687.

Gadamer, H.-G. "Die phänomenologische Bewegung." *Kleine Schriften III*. Tübingen: J.C.B. Mohr, 1972, 150–189.

Galileo. *Discoveries and Opinions of Galileo*. Transl. by S. Drake. New York: Anchor House, 1957.

Gallagher, S. "Hyletic Experience and the Lived Body." *Husserl Studies* 3 (1986): 131–166.

Gibson, H.J.J. *The Ecological Approach to Visual Perception*. Hillsdale, N.J.: Lawrence Erlbaum Assocaites, 1979.

Gorner, P. "Husserl's 'Logische Untersuchungen.'" *Journal of the British Society for Phenomenology* III/2 (1972): 187–194.

Gurwitsch, A. *Studies in Phenomenology and Psychology*. Evanston, IL: Northwestern University Press, 1966.

Habermas, J. *Theorie des kommunikativen Handelns I–II*. Frankfurt am Main: Suhrkamp, 1981.

———. *Der philosophische Diskurs der Moderne*. Frankfurt am Main: Suhrkamp, 1985.

Hall, H. "Was Husserl a Realist or an Idealist?" In H.L. Dreyfus and H.H Hall (eds.), *Husserl, Intentionality and Cognitive Science*. Cambridge, MA: MIT Press, 1982, 169–190.

Hart, J.G. "Constitution and Reference in Husserl's Phenomenology of Phenomenology." *Husserl Studies* 6 (1989): 43–72.

———. *The Person and the Common Life*. Kluwer, Dordrecht 1992.

Heidegger, M. *Logik*. Frankfurt am Main: Vittorio Klostermann, 1976.

———. *Prolegomena zur Geschichte des Zeitbegriffs*. Frankfurt am Main: Vittorio Klostermann, 1979; *History of the Concept of Time: Prolegomena*. Trans. Theodore Kisiel. Bloomington, IN: Indiana University Press, 1985.

———. *Sein und Zeit*. Tübingen: Max Niemeyer, 1986; *Being and Time*. Trans. Joan Stambaugh. Albany: State University of New York Press, 1996.

———. *Die Grundprobleme der Phänomenologie*. Frankfurt am Main: Vittorio Klostermann, 1989; *The Basic Problems of Phenomenology*. Trans. Albert Hofstadter. Bloomington, IN: Indiana University Press, 1982.

Held, K. *Lebendige Gegenwart*. The Hague: Martinus Nijhoff, 1966.

———. "Das Problem der Intersubjektivität und die Idee einer phänomenologischen Transzendentalphilosophie." In U. Claesges and K. Held, eds., *Perspektiven transzendentalphänomenologischer Forschung*. The Hague: Martinus Nijhoff, 1972, 3–60.

———. "Einleitung." In E. Husserl, *Die phänomenologische Methode: Ausgewählte Texte I*. Stuttgart: Reclam, 1985, 5–51.

———. "Einleitung." In E. Husserl, *Phänomenologie der Lebenswelt: Ausgewählte Texte II*. Stuttgart: Reclam, 1986, 5–53.

———. "Heimwelt, Fremdwelt, die eine Welt." *Phänomenologische Forschungen* 24/25 (1991): 305–337.

Henry, M. *Phénoménologie matérielle*. Paris: PUF, 1990.

Holenstein, E. "Passive Genesis: Eine begriffsanalytische Studie." *Tijdskrift voor Filosofie* 33 (1971): 112–153.

———. *Phänomenologie der Assoziation: Zu Struktur und Funktion eines Grundprinzips der passiven Genesis bei E. Husserl*. The Hague: Martinus Nijhoff, 1972.

Hutcheson, P. "Husserl's Problem of Intersubjectivity." *Journal of the British Society for Phenomenology* 11 (1980): 144–162.

Kant, I. *Kritik der reinen Vernunft*. Hamburg: Felix Meiner, 1956.

Kern, I. "Die drei Wege zur transzendentalphänomenologischen Reduktion in der Philosophie Edmund Husserls." *Tijdskrift voor Filosofie* 24 (1962): 303–349.

———. *Husserl und Kant*. The Hague: Martinus Nijhoff, 1964.

———. *Idee und Methode der Philosophie*. Berlin: De Gruyter, 1975.

———. "Selbstbewußtsein und Ich bei Husserl." In G. Funke, ed., *Husserl-Symposion Mainz 1988*. Mainz: Akademie der Wissenschaften und der Literatur, 1989, 51–63.

Klausen, S.H. "Husserl og den moderne sprogfilosofi." In D. Zahavi, ed., *Subjektivitet og Livsverden i Husserls Fænomenologi*. Aarhus: Modtryk, 1994, 31–52.

Lakoff, G. *Women, Fire, and Dangerous Things*. Chicago: University of Chicago, 1987.

Landgrebe, L. *Der Weg der Phänomenologie. Das Problem der ursprünglichen Erfahrung*. Gütersloh: Gerd Mohn, 1963.

———. *Phänomenologie und Geschichte*. Gütersloh: Gerd Mohn, 1968.

——. *Faktizität und Individuation*. Hamburg: Felix Meiner, 1982.
Lee, N. *Edmund Husserls Phänomenologie der Instinkte*. Dordrecht: Kluwer, 1993.
Lenkowski, W.J. "What Is Husserl's Epoche?: The Problem of Beginning of Philosophy in a Husserlian Context." *Man and World* 11 (1978): 299–323.
Lévinas, E. *Le temps et l'autre*. Paris: PUF, 1983.
——. *Théorie de l'intuition dans la phénoménologie de Husserl*. Paris: Vrin, 1989.
Lohmar, D. "Hjemverdenens ethos og den overnationale etik." In D. Zahavi, eds., *Subjektivitet og Livsverden i Husserls Fænomenologi*. Aarhus: Modtryk, 1994, 123–144.
Marbach, E. *Das Problem des Ich in der Phänomenologie Husserls*. The Hague: Nijhoff, 1974.
Meist, K.R. "Monadologische Intersubjektivität. Zum Konstitutionsproblem von Welt und Geschichte bei Husserl." *Zeitschrift für philosophische Forschung* 34 (1980): 561–589.
——. "Die Zeit der Geschichte. Probleme in Husserls transzendentaler Begründung einer Theorie der Geschichte." *Phänomenologische Forschungen* 14 (1983): 58–110.
——. "Intersubjektivität zwischen Natur und Geschichte. Einige Anmerkungen über Probleme einer transzendentalen Letztbegründung." *Phänomenologische Forschungen* 24/25 (1991): 265–304.
Melle, U. *Das Wahrnehmungsproblem und seine Verwandlung in phänomenologischer Einstellung*. The Hague: Martinus Nijhoff, 1983.
——. "Objektivierende und nicht-Objektivierende Akte." In S. Isseling, ed., (*Husserl-Ausgabe und Husserl-Forschung*. Dordrecht: Kluwer, 1990, 35–49.
Merleau-Ponty, M. *Phénoménologie de la perception*. Paris: Gallimard, 1945; *Phenomenology of Perception*. Trans. Colin Smith. London: Routledge & Kegan Paul, 1962.
——. *Signes*. Gallimard, Paris 1960; *Signs*. Trans. Richard C. McCleary. Evanston, IL: Northwestern University Press, 1964.
——. *Le visible et l'invisible*. Paris: Tel Gallimard, 1964.
——. *Merleau-Ponty à la Sorbonne*. Paris: Cynara, 1988.
Mishara, A. "Husserl and Freud: Time, Memory and the Unconscious." *Husserl Studies* 7 (1990): 29–58.
Mohanty, J.N. *Edmund Husserl's Theory of Meaning*. The Hague: Martinus Nijhoff, 1964.
——. *The Concept of Intentionality*. St. Louis, MO: Warren H. Green, 1972.
——. "Husserl and Frege: A New Look at Their Relationship." In J.N. Mohanty, ed., *Readings on Edmund Husserl's Logical Investigations*. The Hague: Martinus Nijhoff, 1977, 22–32.

Montavont, A. "Passivité et non-donation." *Alter* 1 (1993): 131–148.
———. "Le phénomène de l'affection dans les *Analysen zur passiven Synthesis* (1918–1926) de Husserl." *Alter* 2 (1994): 119–140.
Olesen, S.G. "Variation." *Analecta Husserliana* 34 (1991): 129–138.
Prufer, T. "Heidegger, Early and Late, and Aquinas." In R. Sokolowski, ed., *Edmund Husserl and the Phenomenological Tradition* Washington, DC: Catholic University of America Press, 1988, 197–215.
Putnam, H. *Meaning and the Moral Sciences*. Oxford: Routledge & Kegan Paul, 1978.
———. *Representation and Reality*. Cambridge, MA: MIT Press, 1988.
Rabanaque, L.R. "Passives Noema und die analytische Interpretation," *Husserl Studies* 10 (1993): 65–80.
Rang, B. *Kausalität und Motivation*. The Hague: Martinus Nijhoff, 1973.
———. "Repräsentation und Selbstgegebenheit." *Phänomenologische Forschungen* 1 (1975): 105–137.
Ricoeur, P. *Temps et récit. 3. Le temps raconté*. Paris: Editions du Seuil, 1985.
———. "Phenomenology and Hermeneutics." In J.B. Thompson, ed., *Hermeneutics and the Human Sciences*. Cambridge: Cambridge University Press, 1981.
Rohr-Dietschi, U. *Zur Genese des Selbstbewußtseins*. Berlin: De Gruyter, 1974.
Rorty, R. *Philosophy and the Mirror of Nature*. Oxford: Blackwell, 1980.
Rosen, K. *Evidenz in Husserls deskriptiver Transzendentalphilosophie*. Meisenheim am Glan: Anton Hain, 1977.
Sartre, J.-P. *L'être et le néant*. Paris: Gallimard, 1943.
Schuhmann, K. *Husserl-Chronik. Denk- und Lebensweg Edmund Husserls*. The Hague: Martinus Nijhoff, 1977.
———. *Husserls Staatsphilosophie*. Freiburg: Karl Alber, 1988.
Schütz, A. "Das Problem der transzendentalen Intersubjektivität bei Husserl." *Philosophische Rundschau* 5 (1957): 81–107.
———. *Collected Papers I*. The Hague: Martinus Nijhoff, 1962.
———. *Collected Papers III*. The Hague: Martinus Nijhoff, 1975.
Schütz, A., and Gurwitsch, A. *Briefwechsel 1939–1959*. Munich: Wilhelm Fink, 1985.
Schütz, A., and Luckmann, T. *Strukturen der Lebenswelt*. Frankfurt am Main: Suhrkamp, 1979.
Seebohm, T. *Die Bedingungen der Möglichkeit der Transzendentalphilosophie*. Bonn: Bouvier, 1962.
Smith, D.W., and McIntyre, R. "Husserl's Identification of Meaning and Noema." *Monist* 59 (1975): 115–132.
———. "Indexical Sense and Reference." *Synthese* 49 (1981): 101–127.

Smith, D.W., and McIntyre, R. *Husserl and Intentionality*. Dordrecht: D. Reidel, 1982.

Smith, D.W. "Husserl on Demonstrative Reference and Perception." In H.L. Dreyfus and H. Hall, eds., *Husserl, Intentionality and Cognitive Science*. Cambridge, MA: MIT Press, 1982a, 193–213.

———. "What's the Meaning of 'This'?" *Nous* XVI/2 (1982b): 181–208.

———. "Content and Context of Perception." *Synthese* 61 (1984): 61–87.

———. *The Circle of Acquaintance*. Dordrecht: Kluwer, 1989.

Soffer, G. *Husserl and the Question of Relativism*. Dordrecht: Kluwer, 1991.

Sokolowski, R. "The Logic of Parts and Wholes in Husserl's 'Investigations.'" *Philosophy and Phenomenological Research* 28 (1967–1968): 537–553.

———. *The Formation of Husserl's Concept of Constitution*. The Hague: Martinus Nijhoff, 1970.

———. "The Structure and Content of Husserl's Logical Investigations." *Inquiry* 12 (1971): 318–347.

———. *Husserlian Meditations*. Evanston, IL: Northwestern University Press, 1974.

———. *Presence and Absence*. Bloomington: Indiana University Press 1978.

———. "Intentional Analysis and the Noema." *Dialectica* 38 (1984): 113–129.

———. "Husserl and Frege." *The Journal of Philosophy* 84 (1987): 521–528.

———. *Pictures, Quotations, and Distinctions*. Notre Dame, IN: University of Notre Dame Press, 1992.

———. *Introduction to Phenomenology*. Cambridge: Cambridge University Press, 2000.

Steinbock, A. *Home and Beyond. Generative Phenomenology after Husserl*. Evanston, IL: Northwestern University Press, 1995.

Stern, D. *The Interpersonal World of the Infant*. New York: Basic Books, 1985.

Stevenson, L. *Seven Theories of Human Nature*. Oxford: Clarendon Press, 1974.

Strasser, S. "Grundgedanken der Sozialontologie Edmund Husserls." *Zeitschrift für philosophische Forschung* 29 (1975): 3–33.

———. "Monadologie und Teleologie in der Philosophie Edmund Husserls." *Phänomenologische Forschungen* 22 (1989): 217–235.

Ströker, E. "Husserls Evidenzprinzip. Sinn und Grenzen einer methodischen Norm der Phänomenologie als Wissenschaft." *Zeitschrift für philosophische Forschung* 32 (1978): 3–30.

———. *Husserls transzendentale Phänomenologie*. Frankfurt am Main: Vittorio Klostermann, 1987.

Theunissen, M. *Der Andere*. Berlin: Walter de Gruyter, 1977.

Toulemont, R. *L'Essence de la Sociéte selon Husserl.* Paris: PUF, 1962.
Towarnicki, F.D. *À la rencontre de Heidegger. Souvenirs d'un messager de la Forêt-Noire.* Paris: Éditions Gallimard, 1993.
Tugendhat, E. *Der Wahrheitsbegriff bei Husserl und Heidegger.* Berlin: Walter de Gruyter, 1970.
Twardowski, K. *Zur Lehre vom Inhalt und Gegenstand der Vorstellungen.* Vienna: Philosophia Verlag, 1982.
Van Breda, H.L. "Die Rettung von Husserls Nachlaß und die Gründung des Husserl-Archivs." In H.L. Van Breda and J. Taminiaux, eds., *Husserl und das Denken der Neuzeit.* The Hague: Martinus Nijhoff, 1959, 1–41.
Van Breda, H.L. "Maurice Merleau-Ponty et les Archives-Husserl à Louvain." *Revue de métaphysique et de morale* 67 (1962): 410–430.
Waldenfels, B. *Das Zwischenreich des Dialogs: Sozialphilosophische Untersuchungen in Anschluss an Edmund Husserl.* The Hague: Martinus Nijhoff, 1971.
———. "Erfahrung des Fremden in Husserls Phänomenologie." *Phänomenologische Forschungen* 22 (1989): 39–62.
Wittgenstein, L. *Werkausgabe I.* Frankfurt am Main: Suhrkamp, 1984.
Yamaguchi, I. *Passive Synthesis und Intersubjektivität bei Edmund Husserl.* The Hague: Martinus Nijhoff, 1982.
Zahavi, D. *Intentionalität und Konstitution. Eine Einführung in Husserls Logische Untersuchungen.* Copenhagen: Museum Tusculanum Press, 1992a.
———. "Constitution and Ontology. Some Remarks on Husserl's Ontological Position in the *Logical Investigations*." *Husserl Studies* 9 (1992b): 111–124.
———. "Intentionality and the Representative Theory of Perception." *Man and World* 27 (1994a): 37–47.
———, ed., *Subjektivitet og Livsverden i Husserls Fænomenologi.* Aarhus: Modtryk, 1994b.
———. "The Self-Pluralisation of the Primal Life. A Problem in Fink's Husserl-interpretation." *Recherches husserliennes* 2 (1994c): 3–18.
———. *Husserl und die transzendentale Intersubjektivität. Eine Antwort auf die sprachpragmatische Kritik.* Dordrecht: Kluwer, 1996.
———. "Horizontal Intentionality and Transcendental Intersubjectivity." *Tijdschrift voor Filosofie* 59/2 (1997): 304–321.
———. "Self-awareness and Affection." In N. Depraz and D. Zahavi, eds., *Alterity and Facticity. New Perspectives on Husserl.* Dordrecht: Kluwer, 1998a, 205–228.
———. "The Fracture in Self-awareness." In D. Zahavi, ed., *Self-awareness, Temporality and Alterity.* Dordrecht: Kluwer, 1998b, 21–40.
Zahavi, D. and Parnas, J. "Phenomenal Consciousness and Self-awareness. A Phe-

nomenological Critique of Representational Theory." *Journal of Consciousness Studie* 5/5–6 (1998c): 687–705.

Zahavi, D. "Brentano and Husserl on Self-awareness."*Études Phénoménologiques* 27–28 (1998d): 127–168.

———. "Michel Henry and the Phenomenology of the Invisible," *Continental Philosophy Review* 32/3 (1999a): 223–240.

———. *Self-awareness and Alterity. A Phenomenological Investigation.* Evanston, IL: Northwestern University Press, 1999b.

———. "Self and Consciousness." In D. Zahavi, ed., *Exploring the Self.* Amsterdam, Philadelphia: John Benjamins, 2000, 55–74.

———. *Husserl and Transcendental Intersubjectivity. A Response to the Linguistic-Pragmatic Critique.* Trans. Elizabeth A. Behnke. Athens: Ohio University Press, 2001.

———. "Merleau-Ponty on Husserl. A Reappraisal." In L. Embree and T. Toadvine, eds., *Merleau-Ponty's Reading of Husserl.* Dordrecht: Kluwer Academic Publishers, 2002a, 3–29.

———. "Husserl's metaphysical Neutrality in Logische Untersuchungen." In D. Zahavi and F. Stjernfelt, eds., *One Hundred Years of Phenomenology. Husserl's Logical Investigations Revisited.* Phaenomenologica. Kluwer Academic Publishers, Dordrecht. 2002b.

Zahavi, D., and Stjernfelt, F., eds. *One Hundred Years of Phenomenology. Husserl's Logical Investigations Revisited.* Phaenomenologica. Dordrecht: Kluwer Academic Publishers, 2002c.

索 引

Absence 缺席, 35, 38, 40, 125, 127—129, 132, 134, 146, 153

Absolute conscioiusness 绝对意识, 113

Act 行为, 9—15, 17—19, 23—25, 27—35, 36, 40, 43, 46—49, 51, 53, 59, 63, 65, 68, 74—76, 78, 85, 90, 99, 101, 105, 108—110, 113, 114, 116—122, 125—127, 136, 140, 142, 143, 145, 149, 163

Adorno, T.W. 阿多诺, 144

Affection 感触, 141, 142, 144

Aguirre, A. 阿居雷, 103, 190

Anonymity 匿名性, 122, 124

Apel, K. -O. 阿佩尔, 147, 165, 188

Appearance 现相, 18, 21, 31, 33, 53, 57, 58, 61, 62, 65, 66, 68—72, 85, 91, 92, 97, 104, 105, 126, 127, 131—135, 137, 140, 152, 159, 160—162, 173

又见 Phenomenon 现象

Apperception 统觉, 21, 33, 63, 162, 182

Being(existence) 存在, 3, 9, 10, 15—17, 19, 20, 22—29, 32—34, 36—42, 44, 48, 50—52, 56—59, 61—63, 66—68, 70—72, 77—84, 89—100, 102, 103, 106—110, 115, 116, 118, 119, 121—123, 126—130, 132, 134, 136, 138, 141, 142, 145—149, 151, 155, 157, 159, 161—163, 165, 168, 171, 173—175, 178, 179, 182, 183, 185, 187—189, 191

Bergson, H. 柏格森, 2

Bernet, R. 贝奈特, 9, 32, 54, 85, 86, 131, 190

Binswanger, L. 宾斯万格, 2

Birth 出生, 81

Body 身体, 4, 99, 100, 104, 124, 125, 131—147, 151—153, 157, 158,

160, 162, 163, 172, 179
Boehm, R., 勃姆, 153
Bolzano, B. 波尔查诺, 9
Brand, G. 布兰德, 100, 131, 182
Brentano, F. 布伦塔诺, 1, 15, 19, 22, 26, 34, 107, 108
Brough, J. 布拉夫, 110, 119, 123, 130, 131
Bruzina, R. 布鲁兹纳, 2
Bühler, K. 比勒, 2

Cairns, D. 凯恩斯, 2, 161
Cantor, G. 147 康托, 2
Carr, D. 卡尔, 63, 160
Cartesian way to the reduction 笛卡尔式的还原方法, 64, 66, 86
Cassirer, E. 卡西尔, 2
Claesges, U. 克莱斯格斯, 100, 145, 147, 190, 192
Cobb-Stevens, R. 科布-史蒂文斯, 13, 38, 54, 76
Consensus 共识, 180, 182, 188, 189
Constitution 构成, 4, 11, 12, 21, 22, 29, 32—34, 45, 48, 53, 54, 59, 62—65, 69, 70, 74, 78, 79, 82, 84, 85, 87, 90, 93, 95—107, 109, 112, 113, 116, 119—123, 125, 129, 132, 133, 135—138, 141, 143, 145—148, 150, 151, 153—161, 163, 164, 166, 168—170, 172, 180—191
Content 内容, 6, 18, 27, 28, 30—33, 36, 48, 51, 52, 54, 55, 60, 72, 74, 88, 91, 95, 126, 128, 140, 143, 145, 157, 162, 192
Cristin, R. 克里斯汀, 164

Death 死亡, 81, 146, 159
De Boer, Th. 德布尔, 54
Deconstruction 解构, 124, 126, 191
Depraz, N. 德普拉, 152, 169, 194
Derrida, J. 德里达, 38, 131, 154, 187, 190, 195
Decartes, R. 笛卡尔, 2, 60, 61, 62, 64, 66, 67, 86, 87, 90, 99, 116, 143, 150, 165, 166, 170, 173, 190, 192, 193
Dilthey, W. 狄尔泰, 2
Double-sensation 双重感觉, 139, 140
Dreyfus, H. 德莱福斯, 72, 74, 75, 77, 78
Drummond, J. J. 德鲁蒙德, 54, 76, 77, 86, 103
Duval, R. 杜瓦尔, 109

Empiricism 经验主义, 11, 47, 92, 144
Epoché 悬搁, 4, 55, 58, 59, 60, 62, 64—68, 72, 75, 76, 78, 79, 103, 140, 148

Epistemology 认识论, 1, 7, 8, 13—15, 22, 25, 42, 53, 56, 57, 87, 90

Empirical (mundane) 经验的(世间), 9, 15, 20, 25, 27, 28, 32, 34, 37, 39, 44, 61—63, 66, 71, 73, 76, 91, 92, 94, 105, 109, 113, 114, 116, 119, 121, 127, 135, 137, 139, 152—160, 162, 172, 175, 180—183

Essence(*Wesen*) 本质, 4, 12, 15, 31, 33—35, 40, 45—49, 54, 61, 69, 70, 96, 103, 115—117, 122, 125, 142, 144, 151, 156, 162, 165, 177—179

Essentialism 本质主义, 4, 47

Ethics 伦理学, 89, 171, 192, 194

Evidence 明证性, 12, 40, 47, 55, 71, 87—89, 157, 175, 176, 185, 187

Expectation 期待，预期, 16, 69, 92, 109, 125, 128, 140, 152, 181

Experience 经验，体验 3, 8, 9, 11—15, 17, 18, 20, 22, 25, 27, 28, 31—34, 37—39, 41, 44, 46—49, 57, 58, 60—68, 71—73, 76, 87, 90—94, 96, 99, 100, 102, 105—109, 113—123, 125, 127, 129, 132—140, 142—144, 146, 149—163, 166, 167, 170, 172—177, 180—184, 186

Facticity 事实性, 9, 15, 41, 47, 54, 61, 81, 97, 125, 159, 181, 186, 194

Fink, E. 芬克, 2, 5, 82—85, 93, 95, 96, 100, 102, 103, 168

First-person perspective 第一人称视角, 13, 15, 61, 64, 151, 172, 190

Fisette, D. 菲塞特, 86

Foundationalism 基础主义, 87, 88, 191

Føllesdal, D. 弗莱斯戴尔, 74, 75, 86

Frege, G. 弗雷格, 2, 9, 12, 30, 75, 78, 85, 86

Fullness(*Fülle*) 充实性, 38—40

Fulfillment 充实, 38, 39, 40—46, 126, 157

Gadamer, H, -G. 伽达默尔, 95

Galileo, G. 伽利略, 171, 186

Gallagher, S. 加拉格尔, 144, 147

Generativity 生成性, 146, 170, 181, 188, 189, 190

Genetic phenomenology 发生性的现象学, 125, 193

Gibson, J. J. 吉布森, 132, 133

Gurwitsch, A. 古尔维奇, 2, 86, 144, 166

Habermas, J. 哈贝马斯, 87, 147, 170, 188

Hall, H. 霍尔, 78
Hallucination 幻觉, 16, 19, 24, 25, 51, 86, 156, 173
Hart, J. G. 哈特, 39, 54, 61, 76, 81, 98, 131, 144, 169
Hartshorne, C. 哈茨霍恩, 2
Hegel, G. W. F. 黑格尔, 102
Heidegger, M. 海德格尔, 1, 2, 5, 37, 51, 56, 70, 71, 79, 96, 97, 102, 103, 123, 169, 181, 185, 191, 195
Held, K. 黑尔德, 113, 124, 131, 169, 184, 190, 192
Henry, M. 亨利, 195
Hermeneutical 解释学的, 37
Hilbert, D. 希尔伯特, 2
Historicity 历史性, 170, 172, 176, 181, 186—190
Hofmannsthal, H.v. 霍夫曼斯塔尔, 2
Homeworld 家园, 183, 188
Horizon 视域, 49, 92, 109, 110, 119, 124, 127—130, 132, 134, 161—163, 186, 188
Horizonal intentionality 视域性的意向性, 127, 161, 163
Horkheimer, M. 霍克海默, 2
Hutcheson, P. 哈奇森, 78
Hyle 原质, 74, 141, 143, 145

Idealism 唯心主义, 4, 54, 62, 90, 96, 150, 191
Ideality 观念性, 9—14, 17, 29, 31, 32, 45—48, 75, 76, 85, 90, 125, 174, 177, 178, 185
Idealization 观念化, 47, 175, 176, 178, 182, 186, 188
Immanence 内在性, 4, 60, 62, 87, 139, 142, 159
Intentional essence 意向性本质, 34, 35, 40
Intentional matter 意向性质料, 28
Intentional quality 意向性质性, 27, 28
Intentionality 意向性, 4, 7, 12, 14—17, 19—29, 32, 34, 35, 38—40, 43, 48, 50, 51, 53—55, 61, 65—67, 72—76, 78, 82, 84, 86, 90, 91, 93, 96, 98, 104, 105, 113, 115, 117, 118, 120—122, 125, 127—130, 132, 134, 141, 143, 144, 148, 149, 154, 156, 160—163, 167, 173, 174, 180, 191, 194
Internalism 内在主义, 72, 77
Interpretation 解释, 3, 5, 9, 14, 16, 17, 20—22, 33, 34, 37, 39, 41, 51—56, 58, 62—64, 68, 72—75, 78, 82, 83, 85—87, 92, 95, 100, 105, 113, 114, 117, 119, 120, 124, 132, 135, 137, 138,

索　引　　　**215**

143—146, 151, 156, 158, 164—167, 174, 176, 181, 185, 191—194

Intersubjectivity 主体间性, 4, 5, 64, 68, 80, 83, 97, 101, 102, 104, 124, 125, 129, 137, 140, 142, 147—152, 154—162—170, 180—184, 188—190, 192

Introspection 内省, 64, 70, 73

Intuition 直观, 34—36, 38—47, 49—51, 57, 80, 83, 107, 109, 110, 122, 124, 126—129, 157, 159, 172—178

Intuition, categorical 范畴直观, 46

Jaspers, K. 雅斯贝尔斯, 2

Kant, I. 康德, 1, 8, 18, 39, 62, 94, 145, 164, 165, 180, 186, 190

Kern, I. 耿宁, 5, 9, 60, 66, 103, 114, 192

Kinaestheses 动觉, 133—135, 138, 140, 141, 145

Klausen, S.H. 克劳森, 38

Koyre, A. 柯瓦雷, 2

Lakoff, G. 拉科夫, 133

Landgrebe, L. 朗德格雷贝, 2, 80, 100, 103, 145

Language 语言, 29, 30, 36—38, 58, 70, 75—77, 123—125, 160, 163, 165, 167, 171, 176, 185, 189, 191, 194

Lask, E. 拉斯克, 2

Leibniz, G. W. 莱布尼茨, 164

Lenkowski, W.J. 伦科夫斯基, 103

Levinas, E. 列维纳斯, 2, 153, 195

Levy-Bruhl 列维-布留尔, 2

Lifeworld 生活世界, 4, 65, 66, 71, 99, 104, 125, 146, 163, 165, 170, 172, 175—180, 182, 186, 190, 191, 193

Lipps, H. 利普斯, 2

Logic 逻辑, 1, 2, 4, 7—14, 26, 29, 31, 35, 42, 50—56, 61, 67, 68, 73, 74, 79, 81, 83, 87, 90, 117, 125, 166, 187, 193, 194

Lohmar, D. 洛马尔, 184

Lotze, R.H. 洛采, 9

Löwith, K. 洛维特, 2

Luckmann, T. 卢克曼, 170

Mach, E. 马赫, 2

McIntyre,R 麦金太尔, 54, 73, 75, 76, 86

Manuscript 手稿, 3, 5, 6, 55, 90, 97, 114, 123, 161, 162, 164, 165, 167, 181, 192, 193

Marcuse, H. 马尔库塞, 2

Marbach, E. 马尔巴赫, 9, 166
Masaryk, T.G. 马萨里克, 2
Meaning 意义, 10—12, 15, 18, 21, 22, 25—27, 29—33, 35—38, 41, 43, 46, 53, 54, 58, 59, 63, 64, 67, 72, 75—78, 80—85, 87—93, 95—98, 104, 109, 114, 116, 123—128, 133, 143—145, 148—151, 154—156, 158—160, 163, 167, 168, 170, 171, 173—176, 181, 184—186, 188—190, 194
又见 Sense（意义）
Melle, U. 梅勒, 144, 192
Merleau-Ponty, M. 梅洛-庞蒂, 5, 37, 56, 97, 98, 102, 133, 135, 142, 144, 169, 181, 195
Metaphysics 形而上学, 8, 15, 25, 26, 50—57, 59, 79—83, 94, 95, 110, 124, 127, 146, 171, 191
Metaphysics of presence 在场的形而上学, 110, 124, 127, 191
Miller, I. 米勒, 75
Mohanty, J.N. 莫汉梯, 9, 38, 54, 144
Monad 单子, 80, 98, 101, 164
Monadology 单子论, 164
Morphological 形态学的, 177, 178

Nagel, T. 内格尔, 116

Natorp, P. 纳托普, 2
Natural attitude 自然态度, 57, 60, 63, 64, 66, 76, 81, 84, 86, 91, 93, 179
Naturalism 自然主义, 11, 14, 50, 61, 62, 67, 73
Neurology 神经学, 12, 14, 15
Noema 意向对象, 17, 20, 24, 26, 27, 29, 31, 34—36, 38, 39, 42, 50, 51, 74—78, 83—86, 105, 109, 117, 119, 120, 145, 156, 173, 180
Noesis 意向行为, 11, 12, 28, 34, 43, 51, 53, 74, 78, 85, 105, 109, 117, 119, 120, 143, 145
Normality 常态性, 160, 163, 170, 180—184, 187—189

Ontological way to the reduction 本体论的还原方法, 64, 66
Ontology 本体论, 4, 9, 10, 25, 40, 42, 48, 49, 60, 64—67, 74, 77—79, 82, 84, 90, 92, 95, 126, 144, 148, 149, 162, 168, 171, 176—180
Originary 本原的, 42, 43, 46, 167
Other 他者, 101—103, 129, 140—142, 148, 150—167, 169, 182, 183, 189—191
Otto, R. 奥托, 2

Passivity 被动性, 194
Patocka, J. 帕托奇卡, 2
Peiffer, G. 佩费, 2
Perception 知觉, 14, 16, 17, 18, 20—26, 28—39, 41—45, 46, 51, 65, 71, 83, 105, 108—110, 113, 117, 126—128, 131—136, 141, 161, 162, 177, 180
Phenomenon 现象, 1—5, 7, 8, 12—15, 22, 26, 39, 47—58, 61, 62, 64—74, 76—96, 100, 102, 104—107, 110, 114, 116, 121, 122, 124—126, 129, 133, 135, 139, 140, 144, 146—152, 154, 162, 164—167, 170, 173, 177—179, 183, 188, 190—195
  又见 appearance 现相
Philosophy 哲学, 1—7, 9, 37, 47—50, 52—59, 66—71, 78, 80—83, 85, 87—89, 96, 103, 104, 106, 124, 126, 130, 131, 144, 147, 149, 150, 160, 164—167, 170, 171, 177, 180, 186—193, 195
Platonism 柏拉图主义, 10
Presence 在场, 16, 20, 35, 36, 38—40, 42, 44, 50, 83, 108—110, 114, 117, 123—132, 142, 145, 146, 153, 162, 169, 191
Presuppositionlessness 无前提性, 15, 56
Primal impression (presentation) 原初印象(呈现), 106, 108—113, 119, 129, 130
Principle of principles 诸原则之原则, 57, 122
Protention 前摄, 106, 109—111, 113, 119, 130
Proust, M. 普鲁斯特, 110
Psychologism 心理主义, 7—14, 17, 186, 193
Psychological way to the reduction 心理学的还原方法,
Psychology 心理学, 1, 8, 9, 12, 14, 15, 38, 41, 51, 60, 63, 66, 69, 70, 73, 76, 81, 84, 85, 193
Psychology, descriptive 描述心理学, 14, 51
Psychology, developmental 发展心理学, 38
Putnam, H. 普特南, 94, 96

Rang, B. 朗, 2, 39, 80, 100, 103, 145
Realism 实在主义, 67
Reality 实在, 2, 8—22, 24—27, 30, 36, 39, 45, 50, 51, 53—58, 60, 62, 67, 68, 70—72, 78, 80—84, 90—97, 101, 104, 124, 132, 149, 150, 157, 159, 171, 173, 174,

180, 184, 186, 188, 189, 191
又见 World（世界）
Recollection 回忆, 16, 23, 27, 35, 69, 76, 105, 108—110, 112, 120, 126, 127, 169
Reduction, eidetic 本质还原, 49
Reduction, transcendental 先验还原, 49, 59, 60, 73, 80, 83, 90, 93, 98, 148, 150, 164, 179
Reflection 反思, 2, 4, 13, 18, 33, 42, 56, 59, 63, 64, 66, 70, 71, 73, 76, 77, 81, 82, 89, 93, 100, 114—122, 130—133, 135, 137, 146, 147, 150, 164, 165, 168, 171, 194
Relativism 相对主义, 37, 41, 179
Representation 表象, 20—22, 26, 29, 32, 36, 43, 60, 71, 72, 75—78, 86, 94, 110, 174
Representationalism 表象主义, 77, 86
Retention 滞留, 106, 109—113, 118, 119, 130
Rickert, H. 李凯尔特, 1
Ricoeur, P. 利科, 5, 56, 151, 195
Rohr-Dietschi, U. 罗尔-迪奇, 151
Rorty, R. 罗蒂, 87
Rosen, K. 罗森, 42, 54
Russell, B. 罗素, 2

St. Augustine 圣·奥古斯丁, 105

Sartre, J.-P. 萨特, 25, 102, 144, 195
Scheler, M. 舍勒, 152, 195
Schestow, L. 舍斯托夫, 2
Schuhmann, K. 舒曼, 150
Schütz, A. 舒茨, 2, 151, 164—166, 168—170, 195
Searle, J. R. 塞尔, 1—69, 71—110, 113—182, 184—195
Sedimentation 沉淀, 125
Seebohm, T. 西波姆, 103
Self-awareness (self-consciousness) 自身觉知（自身意识）, 114—119, 121, 133, 141, 145, 167
Sensation (*Empfindungen*) 感觉, 14, 15, 16, 22, 31—34, 41, 44, 49, 74, 98, 116, 128, 133, 137, 138—141, 143, 144, 145, 159, 172, 174
Sense 意义, 58, 75
又见 meaning（意义）
Signitive 意指性的, 34, 35
Smith, D. W. 史密斯, 30, 54, 73, 75, 76, 86
Simmel, G. 西美尔, 2
Sociology 社会学, 149, 150, 170, 180
Socrates 苏格拉底, 89
Soffer, G. 索弗, 190
Sokolowski, R. 索克洛夫斯基, 21, 38, 42, 53, 54, 76, 77, 86, 98, 103, 119, 131, 145

Solipsism 唯我主义, 147, 148, 150, 154, 162, 190, 191

Space 空间, 16, 44, 45, 48, 60, 99, 101, 131—138, 141—143, 194

Static phenomenology 静态现象学, 125

Stein, E. 斯坦因, 1

Steinbock, A. 斯坦博克, 169, 184, 190

Stern, D. 施特恩, 38

Stevenson, L. 史蒂文森, 68, 69

Strasser, S. 施特拉塞尔, 192

Stream of consciousness 意识流, 18, 74, 100, 107, 120, 121, 130

Ströker, E. 施特勒克, 85, 86, 103

Stumpf, C. 斯通普夫, 2

Subjectivity 主体性, 4, 12—14, 54, 59—68, 70, 79, 82, 87, 90—92, 97—99, 104, 106, 115—117, 119, 120, 122—124, 131, 135, 138, 140—142, 144—146, 148—156, 159, 162—166, 168, 170, 174, 181, 183, 185, 189, 192

Subjectivity, transcendental 先验主体性, 60, 62, 66, 67, 70, 87, 98, 145, 146, 149, 150, 164, 165, 181, 183

Synthesis 综合, 33, 37, 38, 40—42, 45, 47, 105, 134, 181, 192

Theunissen, M. 图伊尼森, 151, 158, 169

Thing-in-itself (*das Ding an sich*) 物自身, 70, 128, 159, 185

Third-person perspective 第三人称视角, 151

Time 时间, 1, 4, 9—11, 17, 18, 31, 32, 37, 48, 60, 70, 79, 100, 101, 104—109, 111—114, 118—124, 129—131, 146, 167—169, 173, 176, 185, 186, 189, 191, 194

Time-consciousness 时间意识, 1, 105—107, 112, 114, 119, 121, 122, 167

Tradition 传统, 4, 25, 49, 52, 54, 68, 70, 77, 87, 88, 91, 95, 98, 99, 124, 126, 146, 160, 163—165, 170, 172, 179, 180—182, 187—190, 193

Transcendence 超越性, 85, 93, 121, 127, 132, 153, 155—157, 159, 163, 189

Transcendental philosophy 先验哲学, 1, 4, 50, 53—55, 67, 68, 78, 82, 85, 87, 103, 104, 147, 149, 160, 166, 170, 180, 186, 189, 190, 193

Truth 真理, 9, 10, 12, 40—42, 54, 55, 58, 59, 67, 87—89, 93, 124, 149, 171, 172, 182, 184, 187—

189, 193
Tugendhat, E. 图根特哈特, 54, 61, 98, 144
Twardowski, K. 特瓦尔多夫斯基, 2, 26, 30

Van Breda, H. L. 范·布雷达, 3, 181
Variation, eidetic 本质变更, 49

Waldenfels, B. 瓦登菲尔斯, 153, 169
Wertheimer, M. 维特海默, 2
Wittgenstein, L. 维特根斯坦, 156, 187
World 世界, 3, 4, 10, 15, 16, 22, 37, 40, 58—68, 70—73, 75, 76, 78, 80—83, 86, 87, 92, 93, 95—105, 115, 124, 125, 129, 132, 140—145, 146, 148, 149, 155—161, 163, 165, 166, 170, 172, 173, 175, 176, 177—180, 182—184, 186, 188—191, 193
又见 Reality(实在)

Yamaguchi, I. 山口一郎, 152, 169

Zahavi, D. 扎哈维, 2, 50, 53, 54, 103, 114, 119, 131, 146, 147, 153, 161, 166, 168, 169, 181, 194

中译本修订后记

大概是2005年底,我的导师,北京大学哲学系靳希平教授交给我一个"任务",让我翻译扎哈维教授的《胡塞尔现象学》,我没多想就接受了。我大概是在2006年暑假结束后完成的,其间也与扎哈维教授多次通信,请教理解和翻译问题。尽管我那时候还并不认识他,但他都乐于解答。交稿后,译文出版社的张吉人老师负责了本书的编辑工作。译著顺利在2007年出版。这一切在那时对我来说都是挺平常的事情。后来,我才体会到,这本书的内容和翻译工作,对我本人是影响深远的。后来,有很多师长朋友,还有学生,都跟我讲,他们读过这本翻译的书。我就越发感谢当初靳老师能把本书的翻译交给我,并信任我。

《胡塞尔现象学》中文版面世多年,是国内学子、学者欲了解胡塞尔现象学或现象学本身时常常选择的一本书,但市面早已不见原版。因而,我前两年就有了将本书再版的念头。这个想法得到了扎哈维教授本人的支持,此次修订过程中,我跟他就原著中的小问题进行请教,他给我发来了原著的勘误表,一些小问题也得以被修正。修订工作得到靳老师、倪梁康老师和商务印书馆陈小文老师、关群德老师和张光玉老师的大力支持,也得到了学界更年轻朋友们的督促和关注。我在此对他们表示衷心感谢。

这次修订工作，我有幸得到我几位优秀学生的倾力协助，他们是研究生李显慧、周庆，本科生孟高樊、黄丁淳。根据我提供的修订思路，他们通读了全文，提出了很好的修改建议。我特别感谢他们细致和出色的工作。

　　扎哈维教授本书明白晓畅，深入浅出，翻译和修订虽不算艰辛，但翻译中的错漏，或仍然在所难免，还请读者们不吝赐教。

李忠伟记于杭州

2020 年 6 月

《现象学原典译丛》已出版书目

胡塞尔系列

现象学的观念
现象学的心理学
内时间意识现象学
被动综合分析
逻辑研究(全两卷)
逻辑学与认识论导论
文章与书评(1890—1910)
哲学作为严格的科学
关于时间意识的贝尔瑙手稿

扎哈维系列

胡塞尔现象学
现象学入门
现象学的心灵
自身觉知与他异性

海德格尔系列

存在与时间
荷尔德林诗的阐释
同一与差异
时间概念史导论
现象学之基本问题
康德《纯粹理性批判》的现象学阐释
论人的自由之本质
形而上学导论
基础概念
时间概念
哲学论稿(从本有而来)
《思索》二至六(黑皮本1931—1938)
亚里士多德哲学的基本概念

****

来自德国的大师	〔德〕吕迪格尔·萨弗兰斯基 著
现象学运动	〔美〕赫伯特·施皮格伯格 著
道德意识现象学	〔德〕爱德华·封·哈特曼 著
心的现象	〔瑞士〕耿宁 著
人生第一等事(上、下册)	〔瑞士〕耿宁 著
回忆埃德蒙德·胡塞尔	倪梁康 编
现象学与家园学	〔德〕汉斯·莱纳·塞普 著
活的当下	〔德〕克劳斯·黑尔德 著
胡塞尔现象学导论	〔德〕维尔海姆·斯泽莱锡 著
性格学的基本问题	〔德〕亚历山大·普凡德尔 著
人在宇宙中的地位	〔德〕马克斯·舍勒 著
人的可疑问性	〔德〕沃尔夫哈特·亨克曼 著
舍勒的心灵	〔美〕曼弗雷德·弗林斯 著

图书在版编目(CIP)数据

胡塞尔现象学/(丹)丹·扎哈维著;李忠伟译.—北京:商务印书馆,2022(2025.6重印)
(中国现象学文库.现象学原典译丛.扎哈维系列)
ISBN 978-7-100-20789-8

Ⅰ.①胡… Ⅱ.①丹…②李… Ⅲ.①胡塞尔(Husserl,Edmund 1859-1938)—现象学—研究 Ⅳ.①B516.52②B089

中国版本图书馆 CIP 数据核字(2022)第 035239 号

权利保留,侵权必究。

中国现象学文库
现象学原典译丛·扎哈维系列
胡塞尔现象学
〔丹麦〕丹·扎哈维 著
李忠伟 译

商 务 印 书 馆 出 版
(北京王府井大街36号 邮政编码100710)
商 务 印 书 馆 发 行
北京市艺辉印刷有限公司印刷
ISBN 978-7-100-20789-8

2022年6月第1版 开本 880×1230 1/32
2025年6月北京第4次印刷 印张 7½
定价:48.00元